PSICOLOGÍA PARA CREATIVOS

Título original *Kreativität aushalten. Psychologie für Designer*
Publicado originalmente por
Verlag Hermann Schmidt Mainz, 2010

Traducción de Susana Andrés

Revisión técnica: Raquel Riu Vila

Concepto gráfico: María Serrano/Editorial Gustavo Gili, SL

Diseño gráfico: Toni Cabré/Editorial Gustavo Gili, SL

1ª edición, 4ª tirada, 2016

Cualquier forma de reproducción, distribución, comunicación pública o transformación de esta obra sólo puede ser realizada con la autorización de sus titulares, salvo excepción prevista por la ley. Diríjase a CEDRO (Centro Español de Derechos Reprográficos, www.cedro.org) si necesita fotocopiar o escanear algún fragmento de esta obra.

La Editorial no se pronuncia, ni expresa ni implícitamente, respecto a la exactitud de la información contenida en este libro, razón por la cual no puede asumir ningún tipo de responsabilidad en caso de error u omisión.

© de la traducción: Susana Andrés

© Frank Berzbach, 2010
Esta edición se publica por acuerdo con la editorial Hermann Schmidt, Alemania.

para la edición castellana:

© Editorial Gustavo Gili, SL, Barcelona, 2013

Printed in Spain
ISBN: 978-84-252-2600-7
Depósito legal: B. 10.896-2013
Impresión: Gráficas 92, SA, Rubí (Barcelona)

Editorial Gustavo Gili, SL

Via Laietana 47, 2º, 08003 Barcelona, España.
Tel. (+34) 93 322 81 61

Valle de Bravo 21, 53050 Naucalpan, México.
Tel. (+52) 55 55 60 60 11

PSICOLOGÍA PARA CREATIVOS
Primeros auxilios para conservar el ingenio y sobrevivir en el trabajo

Frank Berzbach

GG®

ÍNDICE

7	**CAPÍTULO 1**
	TRABAJAR COMO CREATIVO
9	¿Qué puede esperarse de la creatividad?
10	*¿Te sientes a gusto en tu trabajo?*
11	*Primero construir, después pulir*
12	**El modelo de fases de la creatividad**
12	*La preparación es el secreto del éxito*
13	*Liberar y deliberar*
14	*¡Eureka!*
14	*Perseverancia y realización*
15	*¡Son todos conductores suicidas!*
16	**¿Qué aportan las técnicas de creatividad?**
17	*Las coincidencias no existen*
17	*La inteligencia de las imágenes*
17	*La sabiduría de la narración*
18	*Bricolaje y distanciamiento*
18	**Los artistas y la creatividad**
19	*Improvisación*
19	*El ser humano como ser creativo*
20	*La creatividad como forma de vida*

23	**CAPÍTULO 2**
	TRABAJAR BIEN
25	¿Por qué vamos a trabajar?
25	¿Y tú, a qué te dedicas?
27	El contrato psicológico y la motivación
29	Transformar la motivación externa en interna
30	Criticar el trabajo de los demás
35	Criticar el comportamiento ajeno
36	El mito del estado de flujo y del trabajo como condición paradisíaca
38	La gestión de nuestra energía
44	Más rápido, más alto y más lejos
45	¿Hoy también tengo que hacer lo que quiera?
47	La gestión práctica del tiempo
47	Solo puede alcanzarse una meta definida
50	Los objetivos sin plazo se quedan en sueños
51	Seleccionar los objetivos: establecer prioridades
54	Llegar demasiado tarde y olvidar los objetivos
56	¿Dónde se mete el tiempo?
61	Diseñadores desprendidos y ayudadores
64	Aprender a decir "no"
65	El arte del conflicto
67	Cegado por el odio
69	¿Qué hacer?
72	Trabajo en solitario o en grupo
75	Atributos del trabajo en grupo
76	¿Cómo surge un equipo?
78	¿Qué función desempeña la dirección del equipo?
81	¿Deben tener afinidad los miembros de un equipo?
83	¿Cómo se desarrolla la cooperación?
86	Riesgos y efectos secundarios del trabajo en equipo

89	**CAPÍTULO 3** **TRABAJAR SOLO**		135	**CAPÍTULO 5** **TRABAJAR MAL**
92	Solo cuenta el resultado		137	Maldición y bendición de la motivación por resultados
93	Desventajas del teletrabajo		139	El estrés diario y la exigencia de rendimiento
96	¿Falta de autodisciplina?		140	Los riesgos del estrés para el cuerpo y la mente
97	Mal humor		144	Cabezazos contra la pared
99	Ventajas del teletrabajo		144	La reacción del cuerpo humano al estrés
100	Familia, profesión y teletrabajo en casa		146	Estrés... ¿quién? ¿Yo?
101	Teletrabajo colectivo o *coworking*		147	Cómo gestionar el estrés de manera constructiva
104	La psicología del autónomo		149	El colapso: el síndrome de desgaste profesional
			150	Señales y síntomas
109	**CAPÍTULO 4** **TRABAJAR PARA LOS DEMÁS**		151	Camino del colapso
			153	Mujeres al borde de un ataque de nervios
111	La comunicación no verbal		157	Actuar de inmediato y prevenir
114	Guardar distancias y marcar territorio		158	La banalización del desgaste profesional
114	El despacho del "perro guardián"			
115	La comunicación verbal			
117	Herramientas para una buena comunicación		161	**CAPÍTULO 6** **NO TRABAJAR NADA**
120	¿Qué efectos causan los mensajes?		163	¿Cuándo terminas?
122	El arte de hacerse entender		166	La incapacidad de estar ocioso
125	Prestación de servicios y satisfacción del cliente		168	El mito del equilibrio trabajo-vida
126	Las expectativas gobiernan la percepción		169	El mundo insomne
127	¿Satisfacción latente o manifiesta?			
128	Por favor, un poco de paciencia		175	**BIBLIOGRAFÍA**
130	¿Buenos modales?		183	**NOTA DE AGRADECIMIENTOS**
132	¿Vestimenta adecuada?			

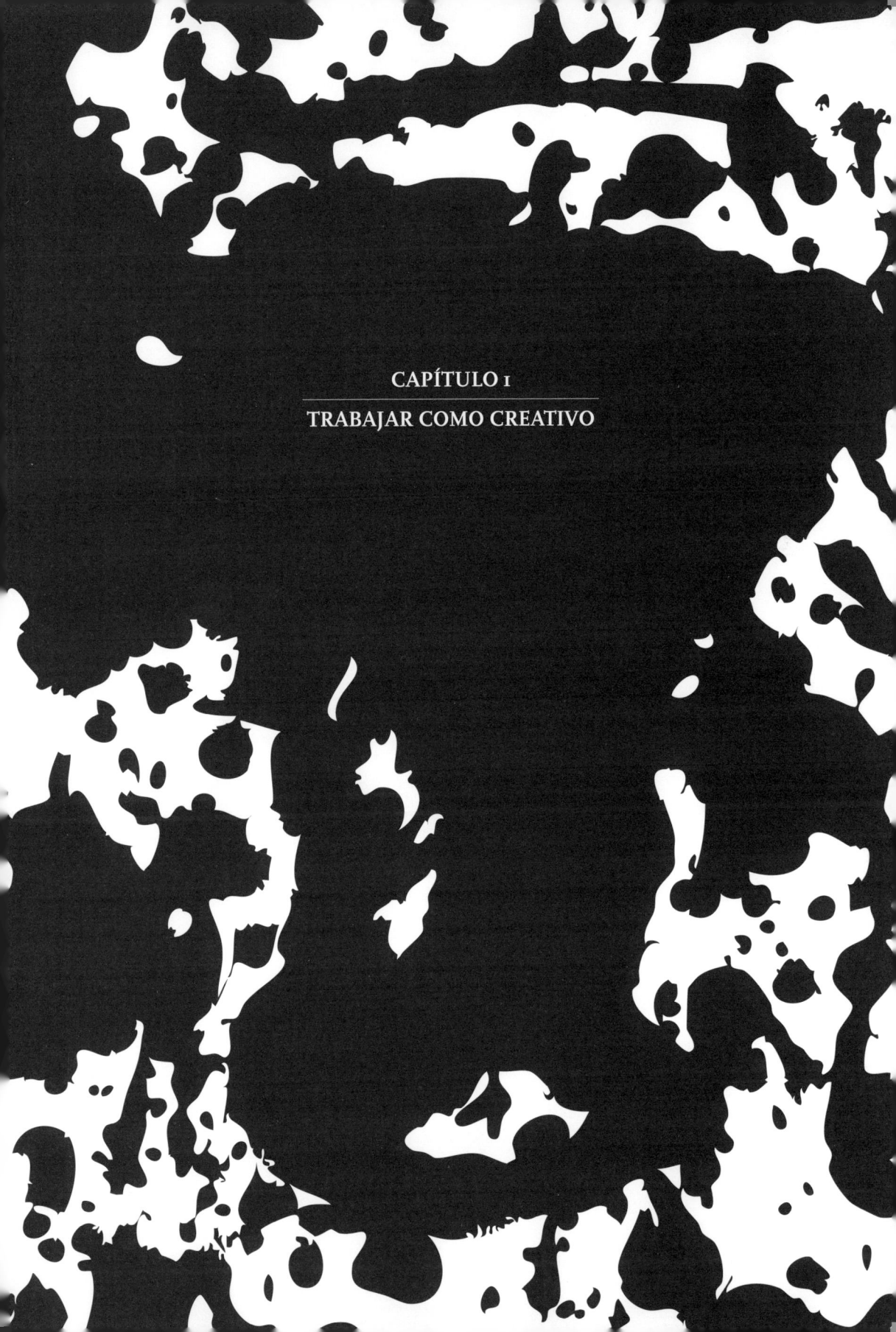

Todo lo que estás viendo ahora mismo es resultado de algún proceso creativo. La ropa que llevas, el libro que sostienes en la mano, la silla en la que estás sentado y el edificio en que te encuentras. Incluso lo que percibimos como naturaleza es un concepto cultural conformado por la mano del hombre. La creatividad es, pues, omnipresente.

Una provocadora teoría afirma que las personas inteligentes son aquellas que hacen lo que *deben* —resuelven problemas en el contexto de un marco predeterminado—, mientras que las personas creativas son las que hacen lo que *quieren* —las que cambian el planteamiento de la cuestión si este les parece inadecuado—. De acuerdo con esto, las personas creativas tienen el potencial de perturbar el orden. Al pensar en esto, lo primero que nos viene a la mente son los campos del arte y el diseño.

¿Qué puede esperarse de la creatividad?

Los psicólogos definen la creatividad como "la producción de ideas novedosas y adecuadas en cualquier ámbito de la actividad humana". Así pues, no concierne únicamente a la *personalidad*. También los *métodos* con los que se trabaja pueden ser creativos. O simplemente las condiciones marco: el clima de trabajo. Dadas las altas expectativas que ponemos en la creatividad, son muchas las hipótesis erróneas que existen acerca de ella. Siegfried Preiser y Nicola Buchholz han enumerado al menos veintiún prejuicios, de los que aquí mencionaremos una pequeña muestra. Por ejemplo, es falso considerar que la creatividad incumbe solo a genios o a personas superdotadas. La creatividad no es un fenómeno inescrutable, pero tampoco es tan transparente como los procesos mentales habituales. La creatividad es mensurable, aunque solo de forma muy imprecisa. También es susceptible de ser evaluada, pero no según criterios unívocos. No todo el mundo puede convertirse en Picasso por el simple hecho de mostrarse aplicado, pero, aun así, la creatividad no responde a un mero prototipo. Hay personas que "son" creativas y otras que "se vuelven" creativas, y por desgracia también a la inversa.

Esta pequeña selección de vaguedades es suficiente para mostrar que las expectativas que se depositan en la creatividad son excesivas. Hartmut von Hentig opina que estas falsas esperanzas son la expresión del punto muerto en el que nos encontramos. En la creatividad sobrevive un poco de nuestra naturaleza salvaje. Los investigadores también están generalmente de acuerdo con la afirmación de que cada persona es capaz de desplegar y desarrollar su propia creatividad.

Manejamos también otra certidumbre: el conocimiento impulsa de forma considerable los procesos creativos. Es la materia de la que nos nutrimos cuando creamos.

Creatividad informada

Sin embargo, existe un prejuicio obstinado que tiene que ver con lo anterior y que, desgraciadamente, no deja de oírse entre los diseñadores: el del "caos creativo". Hartmut von Henting ha declarado al respecto: "Desconfío totalmente de aquellos que definen el orden, la disciplina y la tradición como enemigos de la creatividad. Más bien al contrario, a menudo estos son su condición previa".

¿Te sientes a gusto en tu trabajo?
El entorno en el que trabajamos ejerce una gran influencia en nuestro rendimiento creativo. Los psicólogos han observado que la cuestión del *margen de autonomía* es decisiva en el trabajo. ¿Participas en la planificación y la toma de decisiones sobre la forma de realizar tu trabajo? ¿Cuentas con cierta autonomía a la hora de elegir tus tareas

o puedes, al menos, expresar tus preferencias? ¿La forma en que tienes que desempeñar tu trabajo está previamente determinada? Las conclusiones de la psicología laboral son inequívocas: un gran margen de autonomía favorece la creatividad y aumenta la motivación. Esto no solo se refiere a las jerarquías de los estudios y agencias, ni a los márgenes de libertad de acción dentro de los mismos, sino también al margen de autonomía que uno mismo se concede.

Primero construir, después pulir
El comportamiento de los compañeros de trabajo, los superiores, jefes y clientes ejerce siempre influencia sobre nosotros. El miedo y la presión producen una atmósfera en la que el rendimiento creativo se bloquea. En cambio, cuando las dudas encuentran comprensión, cuando se confía en el apoyo de los compañeros, uno se siente más predispuesto a asumir riesgos y aventurarse a ir más lejos. Quien se siente apoyado por su entorno gana valor para buscar soluciones poco convencionales.

Un entorno alentador

No es positivo que las obras creativas se evalúen de forma prematura. Al principio es muy importante "experimentar", incluso si de esa experimentación no sale nada fantástico. Esto no solo concierne a esos comentarios negativos del jefe o de los compañeros que, dichos en el momento equivocado, pueden terminar por frenarlo verdaderamente a uno.

En nuestra mente habita un censor similar: las personas que trabajan bajo una gran presión autoimpuesta y que desde el primer boceto de un proyecto ya esperan obtener un resultado perfecto no llegarán muy lejos. Una evaluación negativa puede ser suficiente para interrumpir el proceso creativo. Cuando lo determinante es únicamente el producto final, aquellas personas que solo pretenden obtener soluciones presentables se mantendrán dentro de un marco convencional. La *fase de diseño* del proyecto debería separarse de forma tajante de la *fase de evaluación*. Primero construir, después pulir.

El modelo de las fases de la creatividad

Quien sufre de falta de ideas ansía experimentar una suerte de "golpe de inspiración" que le acerque a la "idea genial". Los científicos ya no creen en esta vieja teoría del ingenio repentino. Por supuesto que existen las ocurrencias espontáneas —los llamados "efectos eureka"—, pero constituyen únicamente un breve instante en un proceso mucho más amplio. Los científicos dirían que detrás del concepto "tener una idea" se esconde un proceso cognitivo por el que se resuelven problemas complejos.

Por lo general, en el inicio del proceso creativo suele haber un problema... o un encargo. En el arte sucede lo mismo, incluso cuando los artistas se hacen a sí mismos los encargos (a menudo inconscientemente). Los problemas o los encargos desencadenan un proceso. Rainer Holm-Hadulla, entre otros científicos, divide la creatividad en cinco fases: preparación, incubación, iluminación, realización y verificación.

1. La preparación es el secreto del éxito
En el quehacer cotidiano del estudio la preparación empieza inmediatamente después de que se haya recibido un encargo. Ya al escuchar las primeras informaciones empiezan a brotar —con frecuencia de modo inconsciente— las primeras *ideas*. En esta fase es beneficioso aprender a refrenarse y dedicar el debido tiempo a la etapa de preparación. Una percepción incompleta del encargo puede bloquear la creatividad y terminar costando mucho tiempo, dinero y nervios. Debido a las prisas, a menudo terminamos por interpretar mal las especificaciones del encargo sin darnos cuenta, y no precisamente para satisfacción del cliente. Al final hemos solucionado un problema; pero por desgracia tenemos otro. Por eso, cuanto más exactamente entendamos lo que el cliente desea e imagina, mejor.

Una buena preparación

En el paso siguiente, debemos acumular la información necesaria. Cuando carecemos por completo de directrices o las que tenemos son contradictorias, el trabajo se convierte en un gran desafío. La libertad que se nos abre cuando el cliente dice: "Deja simplemente volar tu imaginación" no tiene solo aspectos agradables. A veces en nuestro interior compiten ideas muy distintas y nos sentimos inseguros para tomar una decisión.

Cuanta mejor preparación tengamos, más fácil será el resto. Esto requiere paciencia, y ser paciente resulta más difícil cuanto mayor es la presión del tiempo. Pero la mala preparación siempre acaba tomándose la revancha. Piensa pues, detenidamente, qué dirección emprenderás y qué provisiones necesitas, de lo contrario hasta la mayor velocidad de avance servirá de poco.

2. Liberar y deliberar
Una vez finalizados los preparativos, se empieza a "deliberar". Es decir, comienza una elaboración inconsciente del problema. Cuando no estamos trabajando concentrados en soluciones concretas, los problemas adquieren una vida mental propia. Por eso se nos ocurren muchas buenas ideas precisamente cuando no pensamos en ellas, por ejemplo, en la ducha.

El desafío psicológico consiste, en este caso, en *conseguir liberar* una idea. El trabajo y el estrés dificultan este proceso, que exige tranquilidad. La calma y la tranquilidad son facultades psicológicas que pueden entrenarse. Tanto en el ámbito psicológico como en el de la salud se consideran sumamente importantes. ¿Eres capaz de pasar un rato largo sentado sosegadamente, sin el bombardeo de los medios de comunicación? ¿Eres capaz de estar a gusto estando solo?

Liberar las ideas

Para algunos, esta experiencia de soledad, vivida de modo positivo, constituye una técnica de creatividad. El director de cine David Lynch declaró en una entrevista que con frecuencia dedica una hora a sentarse en un sillón y no hacer nada. De esa manera paulatinamente van surgiendo historias e imágenes que aprovecha y sigue desarrollando sin esfuerzo. En esta fase es muy importante dejar volar la imaginación, estar tranquilo e incluso dormir. Podemos confiar en que las ideas vendrán; pero no debemos forzarlas.

3. ¡Eureka!
Pocas veces experimentaremos una inspiración repentina como una iluminación. En la mayoría de los casos apenas percibimos el proceso por el que llegamos a desarrollar una idea, ya que avanzamos lentamente y, además, de modo inconsciente. No hay que tomarse demasiado en serio las anécdotas históricas acerca de ideas inesperadas. Por lo general, los pequeños errores y los avances se combinan formando un tejido en el que lentamente distinguimos los primeros caminos para hallar la solución. También aquí imperan la prueba y el error, pero en algún momento la idea concreta se hace palpable. No es demasiado aconsejable sentarse a esperar. Incluso es posible que las esperas bloqueen esa "iluminación".

4. Perseverancia y realización
Es más fácil tener una idea que hacerla realidad. En la realización se experimentan muchos fracasos y ahí es donde se encuentra el gran reto de la creatividad. Qué geniales parecen muchos proyectos... ¡en nuestra mente! Hacer realidad una idea encuentra a menudo resistencias tanto internas como externas. Exige perseverancia y paciencia. Requiere, asimismo, capacidad para reconocer los caminos erróneos, admitirlos y, aun así, no tirar la toalla.

Por ello resulta de gran ayuda considerar la decepción como un componente esencial del proceso creativo. Para crear algo nuevo es condición previa sentir cierto grado de insatisfacción frente a las soluciones existentes. El proceso de realización de una idea requiere mucha energía y puede acarrearnos cierta soledad, generarnos miedo y empañar la imagen que tenemos de nosotros mismos. Aquí desempeñan un papel importante las circunstancias que nos rodean: quien se siente estimulado y apoyado lo tiene más fácil.

El calvario suele verse recompensado porque al final aguarda una solución que no es convencional sino innovadora. La solución llegará, pero no siempre todo lo rápido que quisiéramos. La frustración inicial no debería convertirse en un gesto constante de desaprobación ante a los propios proyectos. No todo proyecto "es una parte de nosotros mismos", no todo queda escrito con sangre en el papel, debemos perfeccionar *el arte de desechar.* Toma distancia respecto de tus proyectos desastrosos, como si no te perteneciesen. La papelera es una gran aliada de la creatividad. Se traga la basura y permite que el escritorio esté limpio. En sentido figurado, esto también sirve para la mente: solo si uno es capaz de desechar ideas, deja sitio para otras nuevas.

El arte de desechar

En la fase de perseverar se trata de eso, de poder cometer errores. ¡Tropieza! Perseverar significa volver a levantarse, insistir. El arte de los yudocas japoneses consiste (también) en el primoroso arte de caer con elegancia y volver a ponerse en pie rápidamente. El yudoca cursa primero una "escuela de la caída", en japonés *ukemi*. ¿Cómo vencer a un rival que —sin importar con qué frecuencia caiga— vuelve inmediatamente a plantarse ileso frente a uno? Un proyecto fracasado no es un motivo de aflicción, es solamente un proyecto fracasado. Has caído, acabas de experimentar algo cotidiano en el ámbito de la creatividad. Si consigues rechazar el proyecto, sin aferrarte a él, y probar con el próximo, estarás más cerca de la meta.

5. *¡Son todos conductores suicidas!*
Cuando finalmente quedes satisfecho y presentes el resultado de tu trabajo, aún no habrás llegado a la meta. Solo habrás cambiado de una carretera secundaria a una autopista. Sin embargo, de pronto ves que por tu carril no dejan de circular coches en sentido contrario. ¡Son todos conductores suicidas! ¿Entiendes lo que quiero decir? Si únicamente tú consideras que tu proyecto es estupendo, tendrás que replantearte quién es el conductor suicida. Enamorarse de nuestras propias ideas es una trampa. Debemos comprobar si otros compañeros de trabajo cuyo criterio valoremos están también convencidos de la creatividad de nuestro producto.

Aun así, las ideas novedosas a menudo lo tienen difícil. Conseguir que una buena idea arraigue es un proceso social y no creativo. Así pues, uno solo influye parcialmente en ello. Es posible que la competencia esté interesada precisamente en sofocar las buenas ideas. Muchas obras de arte clásicas que hoy en día son elogiadas eran ignoradas, sin más, por sus coetáneos. Esto es también aplicable a los hallazgos técnicos. El reloj se inventó en China ya en el siglo XIII, pero como nadie le vio ningún provecho, la innovación quedó relegada al olvido. Hubo que esperar doscientos años para que los misioneros occidentales volvieran a introducir ese "nuevo" descubrimiento en China.

Para que una idea se implante se requiere siempre tiempo, valor y apoyo. Y lo que tú necesitas es críticos de confianza. Cualquier evaluación crítica puede resultar dolorosa; pero una crítica bien intencionada te indicará dónde es necesario introducir mejoras (en este proceso de *feedback* todo depende de cómo se digan las cosas). Si en esta última fase del proceso creativo el equipo consigue separar claramente en su crítica el plano técnico del plano personal, todo análisis del producto servirá para mejorarlo. Es pues probable que la última fase de la verificación conduzca de nuevo a una de las cuatro anteriores…

La evaluación crítica

¿Qué aportan las técnicas de creatividad?

Los científicos discrepan acerca de si existen técnicas concretas que estimulen o no el proceso creativo. Todo el mundo conoce métodos como la lluvia de ideas o los mapas mentales, pero también conocemos a muchos creativos que salen adelante sin emplearlos. Antes de que se sistematizasen estas técnicas ya se obtenían excelentes resultados en el campo de la creatividad. En el clásico libro *Publicidad creativa. Ideas y técnicas de las mejores campañas internacionales*, de Mario Pricken y Christine Klell, pueden encontrarse múltiples ejemplos.

A estas alturas hay un sinnúmero de libros profusamente ilustrados en los que los directores artísticos relatan su camino personal hacia el éxito. Nunca está de más echar un vistazo a algunos procesos creativos que ya han demostrado su valía. Desde el punto de vista psicológico, casi todas las técnicas de creatividad se basan en una serie de principios que ha recopilado Siegrid Preiser:

Las coincidencias no existen
El principio de la asociación libre de ideas, bastante sencillo, consiste en expresar (o anotar) las ideas que se nos ocurran sin evaluarlas previamente. Ya decidiremos más tarde si hay o no algo aprovechable en ellas. A primera vista, las ideas espontáneas parecen no tener apenas conexión entre ellas, pero siempre pueden reaprovecharse como material.

Las coincidencias resultan estimulantes y no son del todo aleatorias. Puesto que el problema que tengamos entre manos nos mantendrá la mente ocupada incluso de forma inconsciente, aquello que aflore por libre asociación será relevante. De este modo damos entrada al material inconsciente en el proceso creativo. Los bocetos y proyectos libres contienen a menudo escondido el germen de la solución. El historiador de arte Horst Bredekamp lo ha demostrado con el ejemplo de Charles Darwin: el científico anticipó en sus dibujos y diarios la posterior teoría de la evolución.

Asociación de ideas

La inteligencia de las imágenes
Muchos métodos utilizan la naturaleza figurativa del pensamiento. Las imágenes anteceden al pensamiento racional y también al lenguaje. Las personas que dibujan o visualizan movilizan su "inteligencia icónica" (Gottfried Boehm) y plasman en el papel más de lo que cabe en un concepto. Que nuestros sueños se compongan de imágenes y no de conceptos tiene sus razones. Y toda imagen plasmada en papel o sobre la que se ha meditado puede contribuir a la solución del problema que nos incumbe.

La sabiduría de la narración
Pero también por el camino opuesto, el de las *analogías*, podemos llegar a la meta. El problema que debemos abordar tal vez pueda resolverse por medio de metáforas, historias o refranes. No solo es divertido, sino que permite introducir un cambio de perspectiva. Uno puede liberarse del mundo de imágenes y asociaciones de ideas predeterminadas. Inventa un cuento o una melodía para el tema o usa un diccionario como inspiración para inventar "refranes".

Bricolaje y distanciamiento

Los problemas pueden descomponerse en piezas. Comienza a "hacer bricolaje" con ellas. Puedes *modificarlas sistemáticamente*. Por ejemplo, invertir una tarea transformándola en su contraria o dedicándote a buscar la peor solución posible para el problema. Intenta, por ejemplo, proyectar el sillón más incómodo con el material más nocivo para el medio ambiente, uno que sea, además, terriblemente caro, enorme, pesado y que, claro está, no pase a través del hueco de ninguna puerta. No solo resultará divertido, sino que te aportará nuevas ideas. Ir contra las normas puede ser francamente motivador. Para ir a la contra tenemos que saber en contra *de qué* ir y eso también nos aproxima a la solución.

Modificar el enfoque

Estas técnicas de creatividad, con frecuencia fútiles, "nos relajan", pero no constituyen un camino real hacia la creatividad. Cuando Joseph Beuys define la creatividad como "ciencia de la libertad" pone de manifiesto un elemento importante: la creatividad necesita de libertad de acción y de espacio, y supone siempre una búsqueda, un camino en el que el conocimiento es imprescindible.

Lo más importante, la *realización*, llega después de la idea. Esto requiere *disciplina*, un concepto que actualmente vuelve a ser intensamente discutido. Incluso para los neurólogos, el proceso cognitivo exacto que se desencadena cuando somos creativos sigue siendo una incógnita. El proceso creativo es solo en una pequeña parte un proceso consciente y, por ello, apenas es gobernable. De ahí que no haya que tomarse las técnicas demasiado en serio. Unas circunstancias óptimas, relajación, alternar la concentración y dejarse ir: esto es lo que cuenta.

Los artistas y la creatividad

No solo los científicos han estudiado la creatividad, también muchos artistas se han ocupado de este tema a lo largo de la historia. No lo han hecho mediante un análisis científico de los métodos, sino que han abordado el fenómeno de forma más global. El arte y el diseño están hermanados, de ahí que queramos echar un breve vistazo al enfoque particular de estas "investigaciones" de los artistas.

Improvisación
El estadounidense Stephen Nachmanovitch es músico, escritor, artista digital, investigador y profesor. En la década de 1970 formaba parte de los pioneros de la música de libre improvisación con violín. Desde hace décadas investiga esta cuestión: ¿Cómo nace la música *intuitiva*? En su opinión, la respuesta es la clave para descifrar el enigma de la creatividad. Para él, lo creativo no está vinculado a una disciplina; así pues, da lo mismo que se trate de música, de pintura, de escritura o de diseño. Este autor ha reunido toda su experiencia y reflexiones en el libro *Free Play* ["Improvisación"], que aborda las fuentes y los tipos del quehacer espontáneo.

Nachmanovitch escribe sobre principios "que, superando los límites, son válidos para todos los ámbitos del acto creativo". De ahí que casi no importe lo que estemos haciendo: "Cualquier actividad puede realizarse con habilidad artística, con oficio o con trabajo y esfuerzo". En el día a día de una agencia o de un estudio de diseño encontramos también estas tres facetas. El trabajo de Stefan Sagmeister, por ejemplo, se sitúa en la frontera del arte, pero incluso él precisa de oficio y de conocimientos técnicos. Alguna composición es simplemente fruto del trabajo arduo y del esfuerzo. Nachmanovitch no se interesa por las técnicas de creatividad concretas. Son provechosas para superar bloqueos, pero no abordan el problema principal. Observado con mayor detenimiento, sigue siendo un milagro cómo el hombre es capaz de crear algo a partir de nada. La gestión del proyecto tal vez pueda mejorar las condiciones previas, pero el mismo acto creativo no es planificable como "hito". Nachmanovitch ofrece una investigación más profunda de la creatividad, en su opinión, el "proceso creativo sigue siendo un camino espiritual".

Oficio, técnica y esfuerzo

El ser humano como ser creativo
También Joseph Beuys estudió la creatividad. Para él, la sociedad no es algo abstracto, sino un "organismo social" vivo. Todo lo que

hacemos contribuye a esa escultura común. Con la provocadora afirmación de que todo ser humano es un artista, Beuys desarrolló la siguiente idea: toda actividad es susceptible de ser creativa. El ser humano es, por naturaleza, un ser creativo.

A Beuys le interesaban las dimensiones profundas de la creatividad. Para él, la sostenibilidad, la democracia y la libertad son inherentes a ella. Por ello, Beuys, cofundador de los Verdes a finales de la década de 1970, se convirtió en un precursor del diseño sostenible. Mantenía un alto nivel de exigencia en cuanto a las competencias técnicas y la calidad del trabajo manual y reclamaba que los estudiantes de arte debían cursar, asimismo, una carrera de formación profesional.

A su parecer, la creatividad surge de una comunión interna de "campos de fuerza psicológicos" a los que las personas deben encontrar acceso. Opinaba que la planificación, es decir, lo que en el modelo de fases compete a la "preparación", era de suma importancia. En la práctica, concebía *toda la vida* como una preparación para la actividad creativa: "Si no impregna toda mi vida [...], no saldrá bien, no puede funcionar de forma solamente puntual". Beuys exige que dirijamos nuestras "constelaciones de fuerzas creativas" en una dirección y seamos activamente creativos. *Toda la vida* se convierte así en la fase preparatoria del proceso creativo. A ello se suman las dimensiones del entorno y de la sociedad, sobre los que influimos con todo lo que hagamos (profesionalmente).

Creatividad y vida

La creatividad como forma de vida
Lo que Nachmanovitch y también Beuys escriben sobre las condiciones de la creatividad supera los límites del marco del horario laboral estándar, de cualquier trabajo. En lo referente a la creatividad, la división de la vida entre tiempo de trabajo y tiempo de ocio queda obsoleta, con todos los riesgos y efectos secundarios que esto conlleva. Una mirada atenta a las biografías de distintos artistas muestra que esta aproximación no presenta solo ventajas, hay que ser prudente.

Como muchos artistas, Nachmanovitch y Beuys conciben la creatividad como *forma de vida*. Se convierte en una constante búsqueda filosófica. Para ellos, el conocimiento del trabajo manual, estético y científico son meras condiciones previas. Los máximos rendimientos —en todos los sectores profesionales— suelen proceder de hombres que se han decidido: la creatividad determina la vida. Pero, por fortuna, la vida no solo se compone de rendimientos máximos. Cada persona debe responder a la alternativa: profesión o vocación.

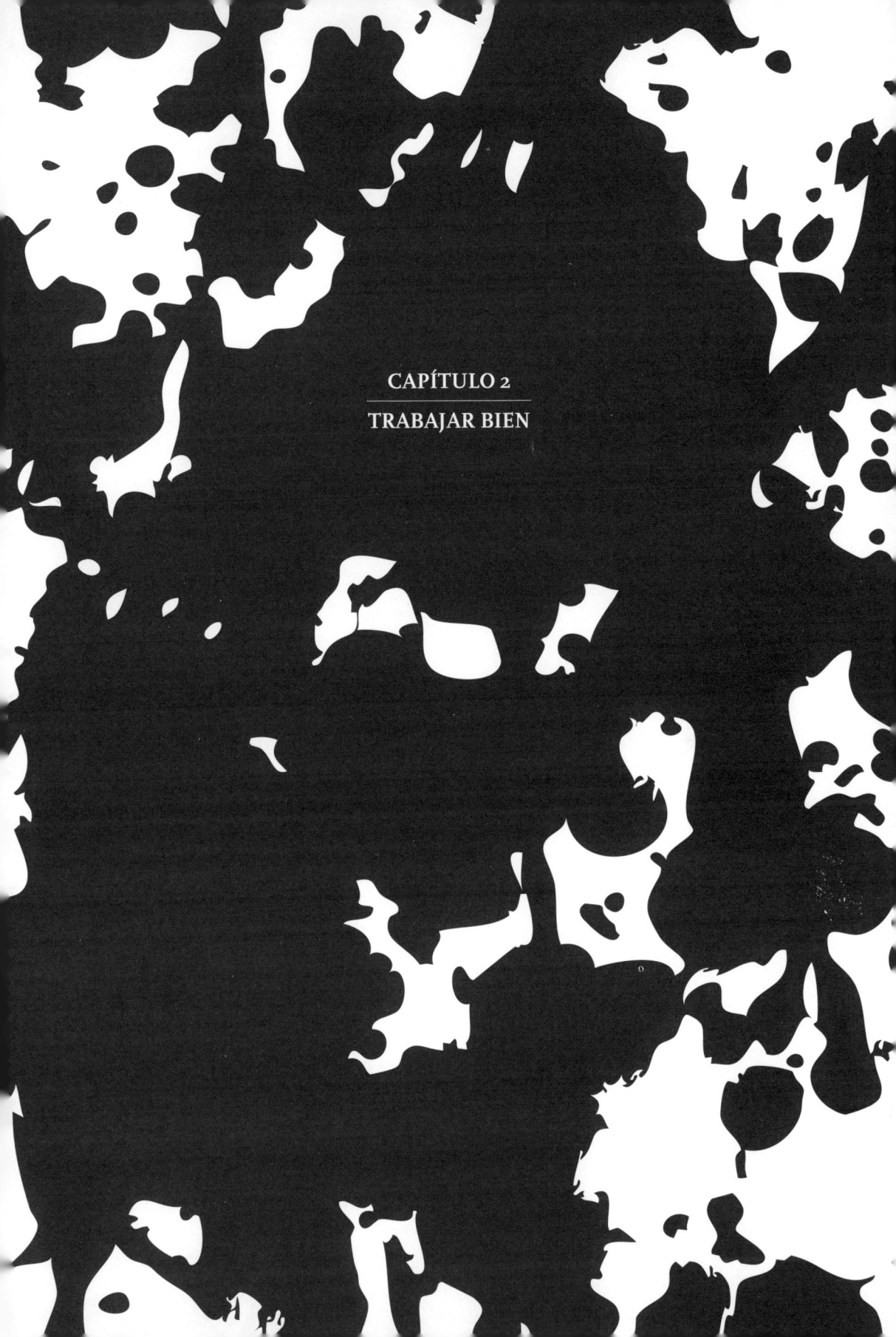

CAPÍTULO 2
TRABAJAR BIEN

¿Por qué vamos a trabajar?

Hay días en los que ir a trabajar supone un gran esfuerzo. Brilla el sol y nos cruzamos con personas que van camino de la piscina, mientras nosotros tenemos que pasar el día frente al ordenador. Sin embargo, cuando la seguridad de nuestro trabajo peligra, lo vemos de otra manera: pocas cosas dan tanto miedo como la amenaza del desempleo. Hay estudios que muestran que el desempleo prolongado favorece la aparición de enfermedades físicas y mentales. Así, parece que nuestro trabajo —más allá de que estemos o no motivados cada día para realizarlo— nos da algo más que dinero.

Por extraño que suene, el dinero es ciertamente necesario, pero aparte de eso carece de mayor significación. Aquel que se decidió por abrirse camino en un trabajo creativo, no tenía intención de hacerse rico. La proporción entre ingresos y tiempo dedicado al trabajo, incluso en las agencias de renombre, está muy lejos de ser satisfactoria. Debe haber otros motivos por los que cada día —en ocasiones superando una resistencia interna— vamos a la agencia o al estudio.

¿Y tú, a qué te dedicas?

Quien conoce a alguna persona en una fiesta y quiere saber algo sobre ella no le pregunta acerca de su fe y sus valores religiosos, acerca de su equipo de fútbol o su color favorito, por su año de nacimiento, su postura política o su signo del zodíaco. En general solemos hacer la pregunta fatal: "¿Y tú, a qué te dedicas?", y con ello queremos decir: ¿Cuál es tu profesión, dónde trabajas? ¿Cuál es el contenido de tu trabajo, estás contento?, etc. Las posibles respuestas podrían llenar volúmenes, pero en ellas los ingresos no desempeñan la función principal. Incluso subyace un claro tabú social: no se habla de dinero. Así pues, debe tratarse de otra cosa. De su "narración" sobre la actividad profesional extraemos nuestro juicio sobre la persona.

El trabajo parece informar sobre las características de nuestro carácter, sobre nuestras tendencias, intereses y competencias y sobre la posición que ocupamos en la sociedad. Quien ha llegado a ser "director de arte" disfruta —al menos en ciertos ambientes— de prestigio y estatus social. El que trabaja en un estudio de prestigio o tiene éxito trabajando por su cuenta obtendrá un reconocimiento por ello. El trabajo confiere *sentido social* y también desempeña un papel importante en el plano psicológico: sin el trabajo diario careceríamos de experiencias productivas y proyectuales relevantes.

Identidad social y laboral

El trabajo suaviza, por ejemplo, el peso de lo cotidiano: sabemos cuándo y por qué nos levantamos por las mañanas, así como cuándo hemos concluido nuestra jornada de trabajo. Esto suele ser un motivo, y hasta una obligación, para permanecer activos. Quien no trabaja de forma regular nunca disfruta de tiempo libre ni de vacaciones. Es frecuente que cuando por algún motivo desaparece la estructura por la que ordenamos el tiempo cada día surjan problemas de salud.

Además, el trabajo clarifica nuestra identidad: obviamente, quienes se definen como "creativos" no portan ese halo únicamente en el despacho. El mero hecho de que otras personas nos traten de creativos cuando conocen nuestra actividad profesional —no precisamente como peluqueras, médicos, abogadas o basureros— se refleja en nuestro autorretrato. Algunos psicólogos sociales parten del hecho de que el juicio que hagamos sobre nosotros mismos depende en gran medida de las experiencias que tengamos interactuando con otras personas. Y es en el trabajo donde, en primer lugar, encontramos a esas otras personas. Personas, además, con las que tal vez no queremos pasar nuestro tiempo libre.

El trabajo nos obliga a vivir una amplia variedad de experiencias sociales. Estas experiencias laborales diarias, que determinan la mayor parte de la jornada, pueden constituir sin duda alguna dolorosos procesos de aprendizaje. Muchas son semejantes a las crisis vividas durante nuestra formación, la carrera o la fase de inicio de la profesión, en las que uno creía "no servir para este oficio". Incluso conflictos muy nimios pueden llevarnos a que nos replanteemos a fondo el sentido de la vida. Estas crisis atañen a nuestra identidad en su conjunto y no solo se limitan a la identidad laboral. Después del periodo de estudio y formación, el mundo laboral no es solo un lugar de convivencia pacífica.

Los estudios psicológicos afirman que el trabajo puede llegar a resultar tan estresante porque los intereses de la agencia o el estudio, que son sobre todo económicos, no siempre son compatibles con las necesidades individuales de los trabajadores. Con un ligero vistazo a la economía mundial globalizada ya se hace patente que los resultados económicos que rinden los regímenes de explotación laboral son siempre a costa de desastrosas consecuencias para los seres humanos. Pero las empresas realmente exitosas intentan encontrar el equilibrio: si a sus colaboradores les va bien también, como consecuencia, le irá bien a la empresa. Precisamente en sectores cuyo capital reside en la creatividad de sus trabajadores es importante que se trabaje de forma *correcta*, es decir, productiva y saludablemente.

Equilibrio de intereses

El contrato psicológico y la motivación

Cuando una empresa nos contrata, firmamos con ella dos contratos. Uno de ellos es el contrato laboral, en tinta negra sobre blanco, que ambas partes firman y pueden rescindir. Este contrato define el sueldo, las vacaciones, etc., y está sujeto a unas condiciones legales marco. Tras la firma, no solemos volver a mirar ese documento a no ser que surjan conflictos. En el caso ideal, lo archivamos.

Mucho más importante es, sin embargo, el segundo contrato, el que no queda por escrito: el contrato psicológico. Regula lo que de hecho vamos a ofrecer a la empresa, lo que esperamos de ella, a qué cosas estamos dispuestos y dónde creemos que están los límites. Conocemos previamente cuánto dinero se transferirá a nuestra cuenta, pero lo que el trabajo y nosotros mismos exigimos en concreto solo lo sabremos después de un cierto periodo de iniciación.

Contrato laboral y contrato psicológico

Los términos del contrato laboral, sobre todo su duración, pueden influir en el contrato psicológico: los colaboradores con contratos laborales indefinidos están más dispuestos a transformar sus contratos psicológicos, sobre todo a mejor. Quien tiene un trabajo seguro con contrato se identifica más con el empresario, desarrolla una relación más estable y se muestra más comprometido y cooperativo cuando se enfrenta con problemas.

Los contratos de trabajo temporales dan lugar a contratos psicológicos de otro tipo: en la mayoría de los casos los términos se establecen muy al principio ("solo lo haré durante un año") y luego suelen mantenerse inmutables, sin apenas modificarse. Para estos empleados, el dinero o el prestigio desempeñan la motivación principal de su trabajo, más que la actividad desarrollada en sí. Tales contratos "desapasionados" no sobrepasan el ámbito laboral.

Pese a que los contratos de trabajo temporal cada vez son más frecuentes, tienen consecuencias negativas desde una perspectiva psicológica y, probablemente, también de rendimiento. Sin una visión de futuro nos mostramos reticentes a comprometernos, poco importa que trabajemos motivados o no. Lo que estamos dispuestos a aportar depende de la motivación, del clima de trabajo y, a veces, incluso de quienes nos contratan. También aquí el dinero desempeña un papel secundario una vez que estén cubiertas las necesidades básicas. A esta lógica escapan, a menudo, los estudiantes en prácticas que ganan poco y se entregan mucho. Pero los estudiantes en prácticas esperan, por supuesto, obtener provecho para el futuro.

Las agencias y estudios que exigen la realización de una gran cantidad de horas extra o que se trabaje los fines de semana tampoco pueden garantizar la motivación de sus colaboradores aunque les ofrezcan un salario más elevado. Quien cada día va al despacho con dolor de estómago porque tiene un jefe malhumorado que enturbia el clima de trabajo, o porque la presión de los plazos de entrega es extremadamente fuerte y están mal vistos los descansos, se irá por las tardes a casa con una mala sensación y de poco le servirá un aumento de sueldo. Este tipo de condiciones desagradables pueden conducir incluso a un "despido interior".

La creatividad depende de la motivación y esta pocas veces se compra: no es quien más cobra quien presenta automáticamente la mejor solución. El dinero solo fomenta la motivación *extrínseca* y es un simple medio para llegar a un fin. Hay días en los que vamos al trabajo únicamente porque nos pagan por ello; pero esta no tendría que ser la motivación habitual.

Pasamos demasiado tiempo en el despacho: ¡toda nuestra vida! Pensar en la siguiente paga no es suficiente para que se nos ocurra una idea fabulosa. Trabajamos mejor y de modo más saludable cuando estamos motivados intrínsecamente, cuando trabajamos porque nuestra actividad es una recompensa en sí misma. Concebir un folleto del que estemos orgullosos: esto puede ser una razón para ir al trabajo. Si conlleva el elogio del cliente y el reconocimiento de los compañeros de trabajo, tanto mejor. La vida laboral nos depara estos momentos, y son estimulantes y agradables, son "impagables". Son la "moneda" del sector creativo.

Motivación intrínseca y extrínseca

Transformar la motivación externa en interna

El salario que recibimos a final de mes no significa, de todos modos, que nuestra motivación sea únicamente extrínseca. Tanto el empresario como el empleado deberían intentar transformar la motivación externa en motivación interna. (¡Hay días en los que nuestro trabajo nos hace realmente felices!) Para que el colaborador esté motivado laboral e intrínsecamente, necesita sobre todo libertad de acción. Quien decide por sí mismo aspectos concretos de su trabajo asume también su parte de responsabilidad. Y solo quien consigue desarrollar con éxito cualquier proyecto gracias a las decisiones que ha tomado se siente competente; un sentimiento que, en sí mismo, es ya una recompensa.

Por otra parte, la motivación intrínseca aparece también cuando se establecen relaciones de confianza con los compañeros de trabajo, que por su parte tienen que ver con la confianza que los superiores depositen en sus "subordinados". Debe existir una cultura del reconocimiento: por lo general, elogiamos poco. Un refrán alemán resume lo que es una lamentable actitud muy extendida: "La ausencia de reprimendas ya es elogio suficiente". Quien sigue esta regla impide de forma metódica que reine un buen ambiente. No hay nada que motive más que recibir un reconocimiento sincero. Esto no significa que deban silenciarse los errores, sino más bien que la crítica que se realice debe ser constructiva y bien intencionada. No tendríamos que reprimir los elogios, los compañeros, los jefes, el cliente, los socios que hayan cooperado se lo han ganado. El elogio sienta bien y se multiplica.

Reconocimiento y motivación

Criticar el trabajo de los demás

La crítica es algo indispensable pero difícil de asumir. Incluso cuando es correcta profesionalmente puede resultar molesta. Las tareas creativas conllevan mucha entrega y esto nos hace más sensibles a la crítica. En cuanto las miradas ajenas se posen en nuestro proyecto, escucharemos comentarios más o menos satisfactorios. Los peores de todos los constituyen frases como: "Típico, otra cagada más". Esta es una frase ofensiva y no contiene ninguna indicación aprovechable.

Lo práctico que resulte un comentario tiene que ver con la cualificación y los conocimientos de las personas que nos hacen observaciones. Pero, si dejamos a un lado los juicios de mero gusto personal, este aspecto no suele ser el problema. El problema es el tono, el estilo con el que se formula la crítica. La crítica debe motivar a las personas para que encuentren una solución aún mejor, ese debe ser su sentido prioritario. Todo lo demás resulta contraproducente. Para practicar una crítica fructífera es necesario tener tacto. Hasta los comentarios más inofensivos pueden formularse de forma hiriente y para ello con frecuencia basta con el lenguaje no verbal.

Objetivo de la crítica

El plano no verbal es mucho más difícil de controlar que el verbal. La más musical, inmaculada y armónica de las frases puede interpretarse de forma que rechine en los oídos de quien la escucha. Para que la crítica sea motivadora, las dos partes, quien la hace y quien la recibe, deberían atenerse a unas simples normas que son pertinentes tanto para los compañeros de trabajo como para los superiores que critican el trabajo de sus colaboradores. Quien elogia o critica a un "subordinado" no debe olvidar que la sola jerarquía ya confiere más fuerza a sus palabras.

Quien critica el trabajo de los demás ha de tomarse su tiempo. Una crítica lanzada desde la puerta es susceptible de ser mal interpretada. También un comentario sarcástico puede resultar hiriente si su destinatario es alguien particularmente sensible. La crítica no solo es importante, sino imprescindible, pero es esencial que se haga con sensibilidad, por lo que primero hay que crear un contexto adecuado. La crítica es un punto ineludible en el programa de trabajo: debe haber una ronda de críticas metódica.

Por lo general, debería empezarse con las opiniones agradables. Casi siempre mezclamos el elogio y la desaprobación, pero empezar con lo positivo determina la atmósfera del debate posterior. Quien ya desde el primer instante ha de atrincherarse emocionalmente para defenderse de los ataques no será receptivo a las sugerencias que se le brinden para mejorar el trabajo. De ahí que ¡primero lo positivo! En cuanto consigamos una buena atmósfera para la discusión, podremos proseguir con las propuestas de mejora.

Las observaciones y los comentarios tendrían que referirse siempre a detalles concretos y reconocibles, evitando los juicios globales que no contienen ninguna indicación sobre qué dirección tomar. Las generalizaciones siempre son contraproducentes. Y esto es aplicable también a la crítica positiva: ser objeto de una admiración general y ciega puede resultar agradable, pero en realidad no dice nada sobre nuestro trabajo. En cuanto a la crítica negativa esta regla es todavía más importante. No podemos criticar un determinado tipo para texto diciendo que nos parece "simplemente flojo"; los comentarios que resultan útiles tendrán que ver con si, por ejemplo, en determinado contexto puede resultar quizá demasiado pequeño o tener unas características que no encajan con el contenido del mensaje que hay que transmitir. Deberían evitarse afirmaciones generales como: "¡Madre mía, pero si ya no hay nadie que utilice Garamond!"; este tipo de frases únicamente reproducen un cliché.

Formular comentarios precisos

Es cierto que un tipo renacentista, por muy armónico que sea, provocará cierta desorientación si se emplea para anunciar un festival de *free-jazz*. Pero ¿no es posible que esconda una idea divertida y visualmente expresiva? ¡Esto puede trabajarse mediante una crítica constructiva! En una ronda de valoraciones, las afirmaciones expresadas en primera persona tienen mucho más sentido que los meros juicios generales de valor. "A mí me cuesta leer lo que hay escrito, la letra me parece demasiado pequeña", una declaración así suena de otra forma y se asimila de manera distinta que una evaluación global o incluso un reproche: "¡Este verde no funciona!" es una indicación difusa; sin embargo, "el verde me hace pensar en la naturaleza" indica algo concreto.

Las dos frases suponen una objeción contra el empleo de un color, pero con mensajes y efectos diferentes. La segunda opinión describe un efecto subjetivo que nadie puede negar. Para formular críticas deberían emplearse mensajes en primera persona. Además son necesarias la franqueza y la honestidad, así como cierta distancia personal. Si tienes un mal día y estás de un humor de perros, dilo antes, todos lo agradecerán porque asumirán de otro modo las críticas algo ásperas que puedas hacer. (No es raro que descarguemos nuestras energías negativas, originadas por cualquier otro asunto, en el proyecto de un compañero.)

No obstante, tras alguna crítica poco correcta puede esconderse a veces la envida hacia el trabajo de otro. Aun si surge este sentimiento, sé franco y dale un carácter amistoso: "¡Ya podría ser mío este proyecto maravilloso!". En el momento de evaluar el trabajo de otra persona, distánciate del estado en que te encuentras. El creativo debe recibir indicaciones objetivas y concretas que permitan mejorar su obra en la reelaboración. Para ello es imprescindible que la persona que aporta sus comentarios y valoración haga observaciones precisas y objetivas.

"Objetivas" significa que se evalúa un proyecto, no a una persona. Las valoraciones morales y personales no forman parte de la crítica. Incluso las personas más fabulosas, también las estrellas, desarrollan proyectos malogrados. Y al revés, un proyecto de tercera clase no dice nada sobre nuestras cualidades como seres humanos. Aquí se incluyen también comentarios políticos, radicales o unilaterales, que está permitido exteriorizar en privado pero que no deberían desarrollar una perniciosa vida propia en reuniones sociales de trabajo.

La crítica debería referirse a proyectos actuales y expresarse directamente. Un folleto impreso dos años atrás ya no es objeto de debate, ni aunque haya algo en él que todavía te desagrade muchísimo. Es historia pasada y volver a sacarlo a colación tan solo conducirá a crear un mal ambiente innecesario. Además, hay que evitar etiquetar a los otros: ni uno ni los demás "son simplemente así", de ese modo se dificulta cualquier evolución posterior.

Evitar los comentarios desalentadores

Este tipo de afirmaciones se convierten en el peor de los casos en profecías autocumplidas. Alguien que cada día escucha la frase "¡La tipografía no es lo tuyo, no das una!" terminará creyéndoselo. Es un mecanismo fatal. En lugar de ello, habría que indicar que se necesita introducir una mejora o realizar un aprendizaje. Nunca existe el "simplemente no sabes", sino el "todavía no sabes". La crítica ha de ampliar horizontes de desarrollo y no estrecharlos, es entonces cuando se gana el calificativo de "constructiva".

Estas reglas son fáciles de observar en la crítica que se refiere a trabajos creativos concretos. Resulta más difícil cuando se refieren a un trabajo general o a una conducta social. En ese caso sería bueno ilustrar nuestras críticas con ejemplos muy concretos de comportamiento o con comparaciones.

También el receptor de las críticas puede observar algunas reglas. Para empezar debería esforzarse por escuchar atentamente; algo que no siempre nos resulta fácil cuando estamos nerviosos y bajo presión. Corremos el gran peligro de oír solo aquello que queremos oír. Algo en nosotros espera que nos lluevan los ataques. Por ello, debemos prestar mucha atención a lo que realmente se está diciendo. Toma nota en una libreta. Quien deja por escrito la crítica puede leerla más tarde con calma.

Aprender a escuchar

En cuanto haya algo que no entiendas con precisión, pregunta y pide que te lo expliquen bien. Clarifica todas las ambigüedades. De este modo también podrás dar respuesta a las críticas no objetivas. Justificarse o defenderse es totalmente superfluo. En las reuniones del Gruppe 47, en las que se encontraban los escritores alemanes más significativos del periodo de posguerra, estaba vetado presentar objeciones a la crítica del grupo. Los autores leían en voz alta sus textos y luego tenían que... escuchar al resto. Esta regla tenía su razón de ser.

Tampoco debes intentar justificar a posteriori todas tus elecciones creativas y proyectos y explicar lo que "realmente" querías decir. A fin de cuentas, no podrás estar presente en persona para explicar a cualquier observador el sentido de tu trabajo cuando su resultado se aplique. Por tanto, cualquier explicación relativa a la elección de un tipo de letra resulta superflua. Si los demás lo encuentran inadecuado, no lo entienden o no obra el efecto deseado, tu idea no ha aprobado el examen de la realidad.

Por eso un proyecto es solo un intento, una especie de "globo sonda". Tenías una intención determinada y ahora los demás deberán evaluar si el proyecto ejerce realmente el efecto deseado. Ante nuestros proyectos solemos tener una visión sesgada y parcial, no tenemos la distancia necesaria. Por esta razón, lamentablemente nos equivocamos a menudo. Sucede un poco como con la ropa: si queremos saber si vamos vestidos con gusto y de forma conveniente, también dependemos de las opiniones de la pareja o de un vendedor competente. El espejo por sí mismo es un mal consejero y todas las historias de personas que se enamoran de su propia imagen suelen acabar en tragedia.

Mientras los críticos sean objetivos y honestos no tienes otra elección: debes aceptar la crítica como estímulo. Lo que no hay que aceptar son las ofensas o los juicios personales denigrantes. De todos modos, la crítica constructiva no es ninguna declaración de guerra contra nuestra persona y, si quieres batallar, que no sea contra los críticos, sino por un nuevo proyecto.

Aceptar la crítica

A veces las críticas nos irritan precisamente porque sentimos que dan en el blanco aunque todavía no estemos en posición de admitirlo. Cuando hayas escuchado la crítica, espera un día y luego tómate tiempo para reflexionar. Cuando la tensión se relaja un poco, se puede reflexionar más tranquilamente sobre qué sugerencias queremos (o debemos) aceptar y cuáles no. En Japón es corriente agradecer las críticas. Este sentimiento surge también en nosotros cuando la crítica se expresa y se recibe según las reglas. Incluso si ha sido poco honesta, también hay que calibrar la crítica. Señalar los defectos y sugerir mejoras es, al final, una ayuda a la que nadie puede negarse. ¡Cuatro, seis o doce ojos ven mejor que dos!

Criticar el comportamiento ajeno

Las reglas del *feedback* también son válidas cuando surgen problemas en los proyectos de trabajo en colaboración. Este tipo de conflictos rara vez tiene su raíz en causas puramente profesionales, sino que atañe más bien a las relaciones, expectativas y costumbres de los miembros del equipo. Primero hay que distinguir aquello que tiene que ver con el comportamiento, lo cual no siempre es inmediatamente evidente.

No critiques con rudeza el proyecto de un compañero incluso si su comportamiento te molesta de verdad. El hecho de que los colaboradores lleguen tarde cada día no significa que sean incapaces de realizar un buen trabajo. Pero esas "diferencias en la gestión del tiempo", como lo llaman los psicólogos, no tienen que dejar de ponerse sobre el tapete.

Los jefes pueden esperar determinados comportamientos de sus trabajadores y en caso de duda también ejercer presión. Entre compañeros de trabajo es más difícil. Igual que en la creación hay unas directrices, también son necesarias unas *reglas de comportamiento*. No suelen estar establecidas, pero de todos modos son útiles. En ningún caso deben pasarse por alto la falta de puntualidad o las actitudes egoístas. Hay que señalar las consecuencias negativas *recientes* y *concretas* de tal comportamiento y remitirse a las reglas. Quien se salta las reglas debe ser sancionado. Si este tipo de situaciones no se aclaran, las pequeñas contrariedades no tardan en convertirse en grandes conflictos.

Los conflictos de comportamiento, además, trascienden al trabajo creativo. A diferencia de lo que sucede con la crítica profesional y de contenidos de los proyectos, en lo que concierne a los conflictos personales es de gran ayuda el arbitraje de terceras personas. No hay por qué acudir de inmediato a un supervisor, puedes recurrir a otros compañeros de trabajo que no estén implicados. Cada persona es diferente. El consejo de otro puede ser de gran ayuda para valorar si ciertas formas de comportamiento son aceptables. La tolerancia tiene su límite ahí donde surgen los inconvenientes para los demás.

Moderación de conflictos

El mito del estado de flujo y del trabajo como condición paradisíaca

El psicólogo estadounidense Mihaly Csikszentmihalyi acuñó el concepto de *flow* (flujo) para describir un estado mental semejante al éxtasis, esa sensación de estar totalmente inmersos en la actividad que estamos ejecutando que hace posible que, mientras trabajamos, podamos experimentar un estado de felicidad. Para alcanzar ese estado es necesario que la persona que realiza la tarea tenga la sensación de estar enfrentándose a un verdadero desafío que requiere el ejercicio de un elevado nivel de competencia, pero el nivel de desafío de la tarea y el de las habilidades y capacidades de quien la desempeña también debe estar equilibrado.

Todo el mundo conoce días en los que "todo fluye solo". Pero es difícil llegar ahí de forma consciente. Es como al intentar dormir: cuanto más queremos conciliar el sueño, más difícil nos resulta. El debate sobre las condiciones necesarias para alcanzar este estado de flujo pone el listón de la satisfacción laboral francamente alto. Los estudios sobre la satisfacción laboral son, en cambio, más prudentes y realistas. Los psicólogos consideran que para ello es condición esencial una combinación entre la motivación intrínseca y los objetivos con contenido. La representación del mundo laboral que implica la teoría del estado de flujo es errónea: aunque el trabajo sea una fuente de satisfacción, no constituye una condición paradisíaca.

Recordemos que la creatividad se compone de breves momentos de inspiración y periodos más largos de trabajosa realización. Aunque conceptos como esfuerzo y disciplina suenen anticuados, la verdad es que las obras maestras no surgen en la piscina con el portátil sobre las rodillas. Los diseñadores trabajan mucho y muy duramente, tanto en el plano técnico como en el estético e intelectual. Determinados autores contemporáneos han escrito *best sellers* donde afirman que el dinero también puede llegar a través de unas cuantas ideas divertidas, el portátil, la vagancia y el desorden. Por una parte, no es probable que esto les suceda ni siquiera a esos autores: en algún momento tienen que haberse puesto aplicadamente a investigar, han escrito los libros y los han corregido a fondo. Por otra parte, aquellos que aseguran que como "bohemio digital" se puede salir adelante viven, sorprendentemente, de medios tradicionales como la venta de libros o unos honorarios como asesor o consultor.

¿Flujo o esfuerzo?

La diseñadora Judith Mair, en su libro *Schluss mit lustig!* ["¡Basta de diversión!"], se rebela contra la sobrevaloración de la "inteligencia

emocional, el espíritu de equipo y las habilidades sociales". Aboga por una reflexión sobre el rendimiento, el trabajo y la disciplina.
Y es que el bombo que se ha dado a la idea del flujo crea la ilusión de que en el mundo laboral se trata sobre todo de "juego, diversión y sorpresa". Judith Mair corrige esta percepción de la realidad laboral en el sector creativo.

El que estemos satisfechos no solo depende de la situación objetiva, sino también de una percepción subjetiva. Cuanto más altas sean las expectativas que se depositan en el trabajo, más insatisfactorio será el contacto con la realidad. Quien define el trabajo sobre todo como un estado de diversión delirante tendrá que lidiar con muchos desengaños. Y el primero surge de nuestras expectativas y las comparaciones sociales. Medida en términos de flujo —un estado sobre el que generalmente leemos más que experimentamos— la botella estará siempre medio vacía. Y esta actitud no es precisamente buena ni para la motivación, ni, en consecuencia, para el producto.

La gestión de nuestra energía

Todo trabajo, también el que resulta satisfactorio y fecundo, exige la realización de un esfuerzo que, además, está limitado por el tiempo. Los seres humanos tienen, como los teléfonos móviles, una especie de batería, una reserva limitada de energía. Por desgracia la nuestra es más difícil de recargar. Según las encuestas, el 25 % de los adultos se salta el desayuno. Media hora más de sueño, una taza de café o un cigarrillo y en marcha. Quien por la noche ha cenado mucho o demasiado tarde por la mañana no tiene hambre. No tuvimos tiempo para ir a la compra y no hay nada en la nevera. En principio, no desayunar parece una opción práctica. Fisiológicamente, sin embargo, esta costumbre tiene efectos nocivos.

Los músculos, que almacenan energía y la ponen a nuestra disposición cuando es necesaria, pueden llevarnos al despacho sin que hayamos desayunado. El cerebro funciona de forma distinta: debe estar abastecido de energía continuamente por la circulación sanguínea y no tiene la capacidad de acumular reservas. A pesar de que el cerebro solo constituye el 2 % de la masa corporal, utiliza el 20 % de nuestra energía. Precisamente por la mañana el nivel de concentración de azúcar en la sangre es bajo y quien no desayuna sin duda rinde menos mentalmente por la mañana.

Rendimiento máximo del cerebro

Igual de importante es el equilibrio de los ritmos diurno y nocturno, es decir, dormir lo suficiente y de modo regular. En general se necesitan ocho horas de sueño para regenerarse, incluso si creemos necesitar menos. La falta de desayuno y las fases largas de hambre —por ejemplo, muchas mujeres tienden simplemente a olvidarse de comer en fases de estrés— representa un doble riesgo. Por una parte, la capacidad de rendimiento del cerebro se reduce enormemente. Por otra parte: ¡ni siquiera nos damos cuenta! Tampoco es extraño: a fin de cuentas, la autopercepción necesaria para reconocer nuestro déficit de rendimiento es en sí misma una tarea cognitiva. Y se ve menoscabada. Tenemos la sensación subjetiva de que no echamos en falta nada aunque no desayunemos ni comamos.

Quien así lo crea debería experimentar haciendo una comparación: con comidas regulares y sanas, suficiente horas de sueño y actividad física rendimos más y somos más resistentes al estrés y las enfermedades. Si calculamos el tiempo que, de otro modo, perdemos con dolores de cabeza, problemas de concentración, tensiones en el cuello, guardar cama por enfermedad y periodos de espera en la consulta del médico salen a cuenta esas pequeñas inversiones de tiempo en el desayuno, tentempiés y descansos. Si tenemos en cuenta que la creatividad es el rendimiento máximo del cerebro humano, los estudios y agencias ciertamente deberían poner a disposición de sus trabajadores más cuencos con frutas...

También el rendimiento mental depende de la energía física. El trabajo mental está sujeto a un movimiento ondulatorio: nuestro rendimiento varía a lo largo del día. No se puede mantener un nivel alto de concentración más de cuarenta minutos seguidos, y eso precisa de cierto entrenamiento mental. Quien ha practicado la meditación alguna vez sabrá que dirigir la concentración, aunque sea un par de minutos, a la propia respiración supone todo un desafío.

Los neurólogos están impresionados por la enorme capacidad de concentración que desarrollan las personas que han practicado la meditación durante años. Así pues, aunque la capacidad de concentración se puede ejercitar, esto no significa que sea ilimitada. En un tiempo relativamente corto disminuyen de modo mensurable el rendimiento de la memoria, las capacidades lingüísticas, la idea de espacio y la coordinación mano-ojo. Ni siquiera renunciar al descanso combate esta decadencia, el cuerpo nos fuerza entonces, sin que nos demos cuenta, a realizar pausas "enmascaradas". Vamos a preparar café, nos ponemos a buscar algo o nuestros pensamientos divagan. O todavía peor: la pausa del cigarrillo.

Ejercitar la concentración

Con esas pausas inconscientes el nivel de capacidad de rendimiento se rebaja al mínimo. Para que se produzca una regeneración completa necesitamos descansos conscientes, claramente limitados. Solo de este modo se restituye la capacidad de rendir. Se sigue subestimando la importancia de dormir. Únicamente a través del sueño el cerebro recupera un estado normal, con capacidad para trabajar tras una larga jornada laboral. Y aun así, en general hacemos muy pocas pausas durante la jornada de trabajo.

En la sociedad laboral burguesa se ha establecido un descanso para el desayuno (con frecuencia de quince minutos), un breve descanso de mediodía (unos cuarenta y cinco minutos) y un difuso descanso corto por la tarde. Desde el punto de vista psicológico y médico es demasiado poco. En la rutina habitual del estudio ni siquiera se garantizan estos pocos periodos de descanso: la flexibilidad del horario de trabajo suele conducir a la pérdida de los descansos. Con tan pocas pausas el rendimiento laboral se reduce y se deteriora la salud. La regla es muy simple: cuanto mayores sean el trabajo y el estrés, más importantes son los descansos. Hay que interrumpir el proceso de trabajo: las pausas solo son realmente reposadas cuando desconectamos. Pararse a hablar diez minutos con los compañeros acerca de la siguiente presentación no es un descanso.

Cuando la carga de trabajo es mayor, el clásico comportamiento de no poder dejar de trabajar en ningún momento es el primer síntoma de estrés, que deforma nuestra percepción. Quien por la mañana empieza sin desayunar, no bebe el agua suficiente durante el día, al mediodía se toma una pizza y pasa el resto del tiempo a base de coca cola y café llega a la noche rendido y tenso. Su capacidad de rendimiento cognitivo ya se había ido reduciendo hasta el mediodía y, después, con una comida grasa y pesada en el estómago, por la tarde disminuye aún más porque se agotan los recursos para renovar la capacidad de rendimiento.

Por desgracia, de esta sensación de agotamiento muchos deducen que han estado trabajando mucho. Pero, en realidad, no se trata de lo duro que nos resulte el trabajo, sino de lo conseguido: ¿Cuánto hemos hecho? ¿Cuál ha sido nuestro nivel de productividad? En nuestra sociedad, las categorías de rendimiento son enfermizas: suele elogiarse a quien se mata trabajando. Solo un inmenso agotamiento parece indicar que somos ambiciosos y nos esforzamos. A este respecto, tampoco los jefes deberían olvidar que las muchas tareas que aguardan en una dura jornada de trabajo deben cumplirse: lo esencial no es que los colaboradores terminen agotados.

Una atmósfera de estrés, pánico y falta de descanso no demuestra que se trabaje mucho, sino que se trabaja mal. Quien trabaja mal es menos productivo. Y precisamente cuando hay una elevada carga de trabajo ninguna agencia puede permitirse desperdiciar la energía de sus trabajadores. Quien tiene por delante un largo viaje en coche ha de llenar antes el depósito. En caso contrario, le espera un largo trayecto a pie con el bidón bajo el brazo; por el contrario, quien se ha tomado tiempo para llenar el depósito pasará tranquilamente por su lado, directo a la meta.

> El estrés reduce el rendimiento

Dicho esto, quien empieza un día exigente habiendo dormido lo suficiente y desayunado, hace pausas (de cinco a diez minutos) cada hora, descansa una buena hora al mediodía y hace otras dos pausas de diez minutos por la tarde llegará a las seis de la tarde aún a pleno rendimiento y con su capacidad de concentración intacta. La curva de rendimiento entra en rápido declive después de las cuatro de la tarde, pero la persona que cuida su equilibrio energético tendrá más horas de productividad. Todos los estudios realizados sobre el agotamiento durante el trabajo y la bajada (innecesaria) del rendimiento al renunciar al descanso apuntan en esta dirección.

Las emociones negativas son otro de los peores enemigos del mantenimiento de unos óptimos niveles de energía. La ira, el enfado, la envidia y la agresividad liberan en poco tiempo mucha energía, pero lamentablemente también vacían en un tiempo sumamente breve nuestro depósito de energía. Un ataque de rabia puede descargar la presión interior durante unos minutos, pero a la larga resulta tan poco eficaz como conducir a todo gas. En el siguiente semáforo volvemos a encontrar a los mismos conductores a los que antes hemos adelantado de forma tan arriesgada. Con la simple diferencia de que el depósito del conductor furioso está más vacío.

Emociones negativas: un enemigo de la creatividad

"Las personas de buen carácter gestionan la información de forma más eficaz, son más decididas, tienen ideas más creativas y experimentan mayor éxito profesional" escribe la psicóloga Annette Schäfer. El buen humor se contagia igual que el malo. Cuando el ambiente está muy cargado resulta difícil hasta respirar. Una sola persona enfurecida es capaz de influir negativamente en la atmósfera de trabajo de todo un gran estudio. Los compañeros también se vuelven agresivos como respuesta a la rabia que otro descarga porque se sienten importunados. La rivalidad, la envidia y el egoísmo pueden producir el mismo efecto en los grupos. En este contexto resulta muy instructiva una de las *Historias del señor Keuner* de Bertolt Brecht:

"Conozco a un conductor que domina el código de circulación, lo ha interiorizado y sabe aplicarlo en su propio provecho. Sabe, con gran habilidad, adelantar y luego mantener una velocidad uniforme, cuida del motor y de este modo recorre su camino con prudencia y audacia entre los otros vehículos. Otro conductor que también conozco obra de forma distinta. Más que únicamente por su trayecto, se interesa por el conjunto del tráfico y solo se siente como una pequeña parte de él. No tiene una noción de sus derechos y no busca destacar personalmente. Viaja mentalmente con el coche que tiene delante y el coche que tiene detrás, disfrutando sin interrupción del avance de todos los coches y también de los peatones."

Este cuento moral censura el egoísmo, por plausible que nos parezca este comportamiento. Todavía hoy, y precisamente con referencia al mundo laboral, el segundo conductor tiene muchas ventajas: para un estudio es determinante el proyecto común y no cada colaborador individualmente considerado. Solo una relación colectiva y honesta —un ambiente cordial— puede facilitar que la energía de todos se invierta de forma provechosa: en resultar colectivamente creativos y no en crear malestar. A esto se suma un factor decisivo: en los periodos de estrés dependemos del apoyo social y no lo conseguimos si cada "conductor" se ocupa exclusivamente de sí mismo. Incluso prestar atención a los peatones tiene su recompensa.

La armonía colectiva

Cualquiera puede tener un mal día en el que rinde poco. Cuando mostramos respeto a los demás también solemos recibirlo de ellos de vuelta y un ambiente de confianza hace a los equipos más productivos y estables. Esto repercute en algo más que en el simple equilibrio energético emocional. A partir de ahí, Annette Schäfer describe la "energía ideal o espiritual". El rendimiento no solo depende de cómo o dónde trabajemos, sino también de para qué. Para muchas personas es más importante una actividad provista de sentido que un sueldo elevado, ¿cómo si no se justifican los trabajos de voluntariado o de servicio social? La falta de sentido conduce a la pérdida de energía, ¿por qué levantarnos por la mañana si no sabemos para qué?

Esto hasta puede medirse: según las estadísticas, los trabajadores que creen que la actividad que realizan está llena de sentido enferman menos días al año que aquellos que encuentran absurdo su trabajo. Cada uno es responsable de dar sentido al trabajo. Quien cada día siente que su trabajo carece de sentido tal vez debería reflexionar sobre si quiere pasarse la vida así. La apatía y el cinismo no son solo una carga para nosotros, también para los demás, a quienes influye el mal ambiente que generamos.

Que en las agencias hay muchas cosas que hacer es evidente. Pero la dirección de la empresa puede lograr grandes avances mediante pequeños gestos: sobre todo, los jefes deberían crear una atmósfera cordial y una cultura del descanso saludable si consideran importante que se trabaje mucho, con eficacia y que haya poco absentismo y pocas bajas por enfermedad. Para ello hay que olvidarse de los tópicos. ¡Nada roba más energía que una mala cultura empresarial! El trato social responsable y el reconocimiento del trabajo individual no son formalismos banales. Son fuentes de energía duraderas. Una antigua máxima entre ciclistas dice: "No gana el Tour de Francia el ciclista más veloz, sino el que mejor se recupera entre las etapas".

Más rápido, más alto y más lejos

La expresión "gestión del tiempo", de uso habitual, sugiere la posibilidad de influir sobre el transcurso del tiempo. Pero el tiempo corre implacable y no existe ninguna técnica capaz de cambiar este hecho. A lo que en realidad se refiere es a la *gestión humana* del tiempo que fluye. Pero ¿por qué íbamos de repente a volver a aprender a relacionarnos con algo que transcurre de igual modo desde tiempos inmemoriales? Desde un punto de vista histórico, los problemas que hoy suscita el tiempo son relativamente nuevos. Tras estos conflictos se esconde el reciente fenómeno social de la creciente aceleración. Nos sentimos indefensos frente a ella.

Aceleración, saturación y gestión del tiempo

Algunos sociólogos, como por ejemplo Hartmut Rosa, consideran que la aceleración es la marca característica del presente. Lo que antes solo servía como medida de los deportes de alto rendimiento se ha extendido por doquier.

Y el lenguaje cotidiano también es aquí traicionero. El filósofo Christian Dries escribe al respecto: "El tiempo parece apremiar, ahí están expresiones habituales como los billetes *last minute*, la comida rápida, o el café instantáneo". Esta ubicuidad de la aceleración del ritmo evidentemente concierne también al mundo laboral; los progresos tecnológicos de los últimos cien años han transformado de manera fundamental sobre todo el lugar de trabajo. Durante un mismo periodo suceden muchas más cosas. Una hora sigue teniendo sesenta minutos, pero, en esa hora, durante una llamada telefónica, un aviso de llamada nos comunica que hay más interlocutores esperando en la línea; nos entran correos electrónicos y faxes, el mensajero entrega y recoge diversos paquetes; gestionamos varios archivos online y podemos establecer conexiones internacionales a través de Skype y aplicaciones de chat.

Este progreso tiene lógicamente sus ventajas, pero desde el punto de vista psicológico se hacen necesarias nuevas competencias para superar sin contratiempos la rutina diaria en un lugar de trabajo acelerado. Nuestro "reloj interno" —es decir, la "cronobiología"— se ajusta a la aceleración social pasando por cambios que no son precisamente sencillos. Puesto que no podemos modificar el transcurso del tiempo, la tarea consiste en modificar la gestión de uno mismo: son necesarias otras estrategias para dominar la situación.

¿Hoy también tengo que hacer lo que quiera?

En los tiempos de la educación antiautoritaria los niños planteaban a menudo esta pregunta. Encontraban agotador tener que organizarse ellos mismos. Hoy en día esta sensación de incomodidad frente a la libertad se ha traspasado al trabajo. En los estudios y entre los autónomos se disfruta de más libertad que en toda la historia del trabajo, sin embargo, como sucede con la tecnología informática, este progreso también deja "los pies sudados", como expresaba el polémico Karl Kraus.

Podríamos traducir acertadamente esta sarcástica expresión con el siguiente tecnicismo: la sobreexigencia de la autoorganización. Es precisamente en nuestra relación con el trabajo donde no hemos aprendido a gestionar tanta libertad. La escuela todavía nos mantiene alejados de este problema, con sus estrictos patrones de tiempo y deberes que son determinados por otros. Por desgracia, la reforma de los estudios de formación profesional ha prolongado esa rígida estructura. Solo cuando llegamos al mundo laboral esta organización se transforma en algo totalmente

Autoorganización

distinto. Los sociólogos organizacionales Hans Pongratz y Günter Voss consideran que se ha implantado el nuevo tipo de emprendedor, y que, por primera vez, este cuenta fundamentalmente con más libertad de acción.

Al leer cuáles son las características de esta nueva forma de trabajo, uno piensa que se está hablando específicamente de diseñadores. El emprendedor comercializa su propia capacidad laboral como un artículo más, se ofrece a la empresa o al mercado. Se exige de él un elevado grado de autocontrol: no lo limitan ni el horario laboral, ni los descansos, ni la hora de cerrar, ni los periodos vacacionales. Incluso suele poder elegir dónde trabaja. Lo que al patrón o al cliente que hace el encargo le interesa son sus resultados. Esto conduce a una fuerte autoeconomización. Ellos mismos son los responsables de mantener el rendimiento y están obligados a orientar su vida de modo que se conserve la capacidad de trabajo. Tienen —también en el tiempo libre— que optimizar su "valor de mercado". (Es probable que tú mismo estés leyendo este libro no en la oficina, sino en tu "tiempo libre".)

La nueva cultura del trabajo anula los horarios típicos. En la escuela suena el timbre y todos se precipitan por el pasillo para ir al recreo. *En el mundo laboral hay clase casi las veinticuatro horas del día y cada uno decide durante cuánto tiempo y en qué participa. Y esta libertad no es una elección personal, esta libertad* viene determinada desde fuera. Aunque muchos la acepten o la vean como una liberación, los aspectos negativos y las cargas se van percibiendo de forma paulatina. Cada vez abundan más las trivialidades a las que no tendríamos que dedicar ningún pensamiento y que en la actualidad nos vemos obligados a organizar nosotros mismos.

Tiempo de vida y tiempo de trabajo

Dado que las condiciones de trabajo suelen variar con frecuencia, la planificación por lo general es insegura. Esta exigencia constante de organización puede convertirse en una carga psicológica considerable, exige una cuantiosa y hábil comunicación, y, sobre todo, lleva su tiempo. Un mero SMS, una llamada o un correo electrónico suelen torpedear todo nuestro plan. Y es que además, la lógica del planificador del tiempo, la velocidad de los nuevos medios y la idea de eficacia no se detienen ante la esfera privada. Los sociólogos sostienen que la prolongación de los "medios de organización y de comunicación" al ámbito privado conduce también a un aumento de la autorracionalización. Hasta el tiempo libre debe coordinarse y planificarse. También "concertamos citas" con los amigos e incluso con nuestras parejas. Por añadidura estamos disponibles a cualquier hora a través de los teléfonos móviles, los correos electrónicos y el acceso a la red corporativa de la empresa, incluso en vacaciones.

La planificación perpetua

Son muchos los que se dejan absorber por los sistemas de comunicación electrónicos y sienten la obligación de estar siempre localizables. Estas enfermedades infantiles de la nueva época de la comunicación electrónica tardarán todavía mucho en curarse. Entretanto, estas enfermedades "nerviosas" constituyen una seria amenaza y resultan económicamente costosas.

La gestión práctica del tiempo

Las reglas de la buena administración del tiempo van en contra de nuestras tendencias naturales. Quien nunca se ha parado a reflexionar acerca de cómo gestiona el tiempo y por la mañana se limita a levantarse y ponerse en marcha comete, por regla general, muchos errores. Esto no tiene consecuencias graves mientras la presión del tiempo sea reducida. Es posible distribuirse tres o cuatro horas de trabajo intensivo en total a lo largo del día, incluso si la forma en la que procedemos resulta antieconómica. Pero ya cinco horas —y muchos días conllevan desafíos mucho mayores— pueden conducir a un desgaste excesivo. Por la noche uno no solo está cansado, sino también insatisfecho con los resultados alcanzados. ¿A qué se debe?

Solo puede alcanzarse una meta definida

Uno no puede sentir más que frustración si no ha logrado alcanzar una meta realista. Suelen experimentar esta sensación quienes no empiezan el día estableciendo unos objetivos claros. Hay quien empieza la jornada laboral con impaciencia, se lanza directamente a trabajar o bien a ocuparse de sus correos electrónicos. Actuar así tiene muchos inconvenientes. Un corredor adapta su ritmo y preparación a la distancia a la que tenga que enfrentarse: es diferente correr mil metros que 42 kilómetros.

Quien por la mañana inicia la jornada laboral sin saber si le espera un sprint hasta el mediodía o un maratón hasta última hora no puede más que fracasar. Tal vez corra 14 kilómetros, pero luego se desplomará descontento y agotado. Al mismo tiempo, ignora si quería superar una distancia corta o larga. Y de ahí que no pueda evaluar si ha ido demasiado rápido o demasiado lento. Lo único que nota es que está extenuado. Dicho más claramente: *¡Solo es posible alcanzar una meta si esta está previamente definida!*

Alec Mackenzie, asesor organizacional, señala en su libro clásico *Die Zeitfalle* ["La trampa del tiempo"] que es imprescindible definir previamente las metas. "Uno no se limita a disparar sin más y a calificar después como diana el blanco que ha alcanzado por azar." Así pues, el día no tiene que empezar con ajetreo, sino con reflexión y planificación. Los profesionales de alto rendimiento llaman a ese periodo de tiempo su "hora de tranquilidad". Tómate antes de nada un tiempo sin que te interrumpan para anotar las tareas pendientes. Si antes de ocuparte del teléfono y los correos dedicas aunque sea diez minutos a planificar la jornada, es posible que el día transcurra de otro modo. De un modo más productivo y con menor derroche de energía.

Planificar la jornada

También debería formar parte de las metas a corto plazo establecer de forma aproximada el horario de trabajo del día. ¿Te vas a quedar mucho tiempo en el despacho o tienes una cita a las siete de la tarde? Este pequeño detalle ya exige una planificación diferente del día: si quieres estar en el teatro a las ocho, quizá tengas que cambiarte de ropa y cenar antes, o recorrer un trayecto. Está claro, pues, cuál es la hora límite a la que debes salir del despacho. Incluso una pequeña cita a las cinco de la tarde que hemos aceptado sin reflexionar puede convertirse en un inconveniente. Si esto se tiene en cuenta al principio del día, podrán delimitarse con tiempo suficiente las tareas que debemos cumplir, establecer las citas de otro modo y delegar con tiempo lo inesperado. Al fin y al cabo, desde por la mañana ya sabemos, a menudo con días de antelación, cuándo hemos de marcharnos. Imagina esta misma escena sin haber planificado nada previamente: desperdicias la mañana con correos electrónicos sin importancia. Hasta las cuatro de la tarde no consigues empezar con lo que es indispensable solucionar porque siempre aparece algo en medio. Sales demasiado tarde del despacho, no cenas y basta con que el semáforo se ponga en rojo para que llegues demasiado tarde al teatro. Los demás espectadores se molestan porque tienen que levantarse para dejarte pasar hasta el asiento.

Sudoroso, con una mancha de café en la camisa, el estómago vacío y un acompañante malhumorado te sientas. ¡Y, cómo no, suena el móvil! ¿Disfrutarás de la velada, dormirás bien y volverás al día siguiente recuperado al trabajo? Negarse a dedicar unos minutos para planificar el día conduce a una jornada laboral caótica y convierte en un fastidio el merecido tiempo de ocio.

Es diferente si lo que nos aguarda es una maratón. La mayoría de las veces sabemos que los últimos días del plazo de entrega son insoportables. Pero la planificación puede permitirnos reaccionar ante unas condiciones de trabajo que ya conocemos previamente. No convertirá esta fase en un tranquilo paseo, pero sí la hará más llevadera. Los factores de estrés "autoprovocados" no son los únicos que hacen farragosa una tarea. También en ese caso deben establecerse claramente las metas —los "hitos" como se denominan en la gestión del proyecto—. En primer lugar debes determinar los descansos de forma estricta. No lo olvides: es imposible mantener un nivel elevado de concentración más de cuarenta y cinco minutos, aproximadamente. Pero cuando hay mucha presión es cuando precisamente es más difícil distenderse.

Capacidad de reacción

La influencia del grupo y los rituales hacen milagros: una hora de descanso al mediodía para comer juntos, dos pausas de diez minutos por la tarde, una cena común por la noche (¡fuera del despacho!) y volveremos a reunir energía suficiente para seguir trabajando de forma productiva. Quien se queda trabajando hasta bien entrada la noche tres días seguidos después debe aligerar sus actividades. Es bueno definir *quién* y *cuándo* disfrutará de un tiempo muerto después de haber llegado a la meta. La perspectiva de tener aunque sea medio día libre motiva y estimula.

Los objetivos sin plazo se quedan en sueños

Para que resulten motivadores, los objetivos han de ser exigentes. Debemos diferenciar entre objetivos a largo plazo ("En tres semanas está listo el proyecto") y objetivos a corto plazo ("Hoy a las tres de la tarde se acaba el plazo"). Es imprescindible que los objetivos tengan fecha; si no es así, son inútiles. Los objetivos sin plazo se quedan en sueños. Dejar de fumar no es difícil, sucede a la fuerza cuando nos morimos. Pero encender el último cigarrillo hoy a las ocho de la tarde sería un objetivo para un fumador. Es de gran ayuda, también en el ámbito profesional, comunicar a los demás nuestros objetivos. Si les informamos acerca de nuestras aspiraciones, nos preguntarán más tarde qué ha ocurrido con ellas. Este compromiso social nos ata y nos motiva.

Los objetivos con un plazo tienen que poder medirse o al menos comprobarse. La afirmación: "Hoy hemos avanzado un paso más" es vaga, a saber lo que queda por hacer. ¿Cómo es de grande ese paso? "A las doce del mediodía estarán listos tres proyectos para el nuevo logo": una afirmación así que se puede comprobar a las doce del mediodía, la meta está claramente delimitada y puede cruzarse. Los objetivos explícitos ponen orden y el orden constituye un alivio psicológico. Cada objetivo parcial alcanzado demuestra que se ha conseguido algo. Y se puede reflexionar concretamente sobre los objetivos incumplidos: ¿Falla algo en la planificación?, ¿qué hay que hacer? Esto es más útil y sobre todo más productivo que una difusa insatisfacción. Además, el catálogo de objetivos advierte que cada día es imposible correr un maratón. Hay que alternar las distancias cortas y largas.

Establecer objetivos concretos

Seleccionar los objetivos: establecer prioridades

Quien se apunta las diez tareas que incluye la jornada de trabajo ha dado un importante paso. Los objetivos deberían escribirse. Negro sobre blanco, quedará claro qué esperar y también lo que por la noche se puede (o no) tachar. El simple proceso de poner un visto bueno detrás de una tarea cumplida resulta psicológicamente satisfactorio.

El segundo paso importante consiste en ordenar los objetivos según las prioridades. Si hemos sintetizado las tareas previamente en un mapa mental, después tenemos que ordenarlas cronológicamente. Para hacerlo, casi todos los autores recomiendan el "método Eisenhower". Según este, las tareas se reparten según dos criterios. Uno diferencia si son importantes o no importantes; y el otro, si son urgentes o no urgentes. Cada mañana podemos planificar las tareas recurriendo a una tabla de prioridades.

Ordenar las prioridades

	URGENTE	NO URGENTE
IMPORTANTE	A	B
NO IMPORTANTE	C	D (Papelera)

Dagmar Ruhwandl, médico especialista en enfermedades laborales y en el síndrome del desgaste profesional aconseja "abordar de inmediato" las tareas importantes y urgentes. La jornada laboral debería iniciarse siempre acometiendo las labores de máxima prioridad, las del campo A. Por regla general, los correos electrónicos y otras nimiedades similares no se cuentan entre ellas. Sin embargo, con frecuencia tendremos a hacer lo contrario: de forma instintiva empezamos liquidando los pequeños asuntos y las tareas menos importantes para quedar luego libres para abordar lo más importante.

Este proceder es erróneo. Para desempeñar estas tareas marginales necesitamos menos energía, así que deben postergarse a las últimas horas de la jornada.

Inmediatamente después de planificar el día, debemos emprender, cuando estamos en nuestro nivel máximo de concentración y energía, esas tareas importantes y urgentes.

Empezar por las tareas más importantes

Si procedemos de este modo, en el descanso del mediodía, cuando ya se han dedicado tres horas a los trabajos fundamentales, experimentaremos una sensación de satisfacción. Sin embargo, a quien ha desperdiciado tres horas con asuntos secundarios "para quitárselos de en medio" todavía le quedan por hacer las tareas principales. Es posible que los compañeros o el cliente te pregunten si has avanzado en el trabajo. Esto provoca mala conciencia porque uno sospecha que hubiera tenido que proceder de otra forma.

Las tareas ideales son las que ocupan el campo B: son importantes pero todavía no son urgentes. Todo depende aquí de que no perdamos de vista el calendario. Todavía tenemos la libertad de concluirlas en un plazo razonable. Aquí se produce una situación análoga a la que muchos vivimos durante los años de nuestra formación académica: los plazos para realizar los deberes o los trabajos escritos están previamente fijados y los conocemos con antelación, pero el mayor problema entre los estudiantes suele ser simplemente ponerse a hacerlo. Transcurre el tiempo y la tarea B pasa a ocupar el campo A: sigue siendo importante pero ahora, además, es urgente.

Durante los estudios esta negligencia no resulta más que fastidiosa. Pero cuando se cultiva esta práctica y se traspasa por desgracia a la vida laboral, este modelo de comportamiento se convierte enseguida en doblemente peligroso: por una parte para por lo que respecta a los encargos, ¿quién quiere entregar fuera de plazo y perder a un cliente?; y por otra parte para la propia salud del diseñador: cuanto mayor es la presión, más elevada es la pérdida de energía.

En el campo C se agrupan esas típicas tareas que consumen tiempo. Con frecuencia sentimos la presión interna, la intranquilidad de tener que dedicarnos a una actividad que nada tiene que ver con nuestro oficio. El teléfono es muy urgente, está sonando "ahora", pero es muy raro que la información que procure esa llamada sea también relevante en ese mismo momento. Que la pequeña pantalla de la impresora nos informe de que el tóner se vaciará en dos semanas no significa que tengamos que interrumpir el trabajo y ocuparnos de ello de inmediato. Estas tareas y otras similares deberían poder reducirse, eliminarse o delegarse en alguien de confianza. Piensa en quién podría realizar todas estas tareas por ti. Hay muchas personas que son incapaces de desprenderse de los pequeños trabajos: seguimos viendo a demasiados ejecutivos en las fotocopiadoras y esto no es ninguna actitud noble, sino energía malgastada, sobre todo cuando la presión en el trabajo es alta.

Aprender a delegar

El mito de que en realidad todo funciona más deprisa y mejor cuando lo hace uno mismo está desapareciendo lentamente. Aquellas personas que lo hacen todo solas a largo plazo pierden mucho más tiempo. En periodos de estrés, debido a que entonces se deforma nuestra percepción, algunos dedican tiempo a esas supuestas tareas, que ni son importantes ni urgentes. Es con este tipo de cosas donde realmente podemos ahorrar nuestra energía. A veces ayuda apuntar estas seudoactividades en el campo D para librarse de ellas. Si la presión del plazo de entrega es alta, no es importante pedir un tercer tóner de reserva y si por casualidad se te pasa por la cabeza que todavía no has desfragmentado el disco duro… ¡simplemente déjalo correr!

Para confeccionar la lista de objetivos y distribuirlos en la tabla de prioridades se necesita un poco de tiempo, pero merece la pena tomárselo. En general, fijar los objetivos y la planificación del día contribuyen a que no nos despistemos, no olvidemos los descansos y evitemos labores improductivas. No deberías estar dispuesto a abandonar tus objetivos con demasiada rapidez, pero, al mismo tiempo, es absurdo aferrarse demasiado a ellos. Cuando varían las circunstancias —enfermedad de los compañeros, acontecimientos imprevistos o prioridades que cambian muy deprisa—, los objetivos tienen que reajustarse.

Hay días en los que tus planes fracasarán. Pero solo si existen puedes modificarlos de modo selectivo. Si estalla una catástrofe, respira hondo e invierte diez minutos en saber cuáles son los objetivos y prioridades razonables en ese momento. En cuanto se supere la catástrofe, sabrás hacia dónde volver y podrás reanudar la tarea donde la dejaste.

Llegar demasiado tarde y olvidar los objetivos

¿Por qué algunos días perdemos el tren si el camino que nos lleva a la estación es siempre el mismo? Podría ser facilísimo: si se cronometra el tiempo necesario para ir a pie desde casa a la estación o en coche hasta el despacho, se obtiene la medida del tiempo objetiva que lleva recorrer esa distancia. De ello resultaría, por ejemplo, que se tarda doce minutos en llegar a la estación. Se añaden unos minutos más para que un semáforo en rojo no suponga ningún obstáculo y tenemos que marcharnos de casa un cuarto de hora antes. Esta es la teoría, pero ninguno realizaremos unas pesquisas tan exactas en la vida cotidiana, lo dejaremos a un cálculo subjetivo que, por desgracia, nos dirá que en diez minutos podremos llegar a nuestro objetivo, es decir..., ¡demasiado tarde!

Somos muchos quienes funcionamos de esta forma y por ello es un fenómeno de interés para los investigadores del tiempo. Creen que lo que conduce a este tipo de falsas estimaciones es un lapso de memoria. Los psicólogos laborales suizos Cornelius König y Martin Kleinmann escriben al respecto: "Las personas infravaloran la longitud de tareas equivalentes y ya cumplidas y adoptan esa infravaloración como valor indicativo para calcular una nueva tarea". Así pues, aunque necesitamos quince minutos para llegar a la parada, pensamos que hasta el momento siempre hemos necesitado solo diez porque nuestra memoria cree que el recorrido es más breve. Un fenómeno parecido provoca que el trayecto de ida parezca más largo (¿o más corto?) que el de vuelta. Muchos residentes en la ciudad eligen un camino distinto para ir a la estación que para volver, con frecuencia de modo inconsciente, porque desde la otra perspectiva el trayecto les parece más corto.

Errores de evaluación

Así pues, también el cálculo del tiempo se rige por leyes que no son lógicas, sino psicológicas.

Otro fenómeno que los experimentos sobre la gestión del tiempo ponen de relieve es la tendencia al "cambio de preferencias". Cuando nos planteamos unos objetivos definidos, los dividimos en objetivos a largo y a corto plazo. Supongamos que quieres acabar un proyecto grande en exactamente treinta días. Sabes de cuánto tiempo dispones. El objetivo es ambicioso y debes concentrarte totalmente en esa tarea. Los primeros cinco días trabajas realmente concentrado, sin dispersarte, y vas avanzando en pos de ese objetivo. Y entonces entra en acción la psicología: en vista del aparentemente largo periodo de tiempo restante, veinticinco días, te distraes con tareas a corto plazo; como por arte de magia tus preferencias cambian.

Otro ejemplo: te propones leer más revistas especializadas para estar más al día de lo que sucede en el sector. Sobre el sofá descansan —como un premio estimulante— los primeros números de las revistas a las que estás suscrito. De vuelta del despacho te dices: ¡Hoy los leo! Pero recién llegado a casa, enciendes "un ratito" el televisor y te quedas ahí colgado, claro. El *zapping*, una satisfacción muy a corto plazo, ha ganado la batalla contra el proceso, a largo plazo, de mejorar lentamente tu formación profesional. Quizá el triunfo de un medio de comunicación superficial como el televisor u otras máquinas parecidas de distracción se fundamente en este fenómeno psicológico fatal. El cambio de preferencias surge de la incapacidad de mantener la concentración en un mismo punto: nuestra mente divaga continuamente y por regla general no solemos ejercitar nuestra concentración. Además, acogemos de buen grado aquello que nos desvía de lo importante, pues las tareas mayores también suelen amedrentarnos. Estas distracciones que nos satisfacen a corto plazo también se pagan, por supuesto: el objetivo al que se apunta no se alcanza o se alcanza tarde y bajo una gran presión.

Cambio de preferencias

Los lapsos de memoria y los cambios de preferencias son fenómenos psicológicos muy frecuentes, pero, por supuesto, no son de ninguna manera unas leyes naturales inamovibles a las que estemos sujetos. Como con muchos otros mecanismos psicológicos se trata de algo que todo el mundo sabe, pero de cuyo funcionamiento no se es consciente. Tras haber leído las páginas anteriores ya sabes en qué tipo de trampas se puede caer cuando decide la intuición. En ese caso nos distraemos fácilmente y calculamos mal. Dejar simplemente un post-it en tu escritorio con el aviso "cambio de preferencias" puede servir para recordarte que debes estar vigilante. Por supuesto, al final dejarte distraer o no depende exclusivamente de ti. El que seamos conscientes de los riesgos que corremos cada día en la gestión del tiempo sirve para que nos comportemos más inteligentemente.

¿Dónde se mete el tiempo?

Según una antigua creencia, el genio es capaz de dominar el caos. Algunas personas relacionan incluso creatividad y caos. Friedrich Nietzsche escribió: "Es preciso tener todavía caos dentro de sí para poder dar a luz una estrella danzarina". Suena estupendo, pero ese caos *interno* no debería cultivarse precisamente en el despacho o al comunicarte con tus compañeros de trabajo. Es poco probable que Nietzsche manejara sus datos e ideas "desordenadamente": sin una cierta claridad de mente habría sido incapaz de escribir sus obras. Cuando más tarde su salud mental se resintió y en su mente solo reinaba, en efecto, el desorden, fueron otros quienes clasificaron y editaron sus notas.

Las personas que trabajan en un despacho invierten al menos una hora de su jornada diaria exclusivamente a buscar cosas. Esto no representa un gran problema si se está aburrido, pero si este no es el caso, merece la pena poder encontrar rápidamente el último correo electrónico con las correcciones que desea el cliente. El desorden es uno de los mayores vampiros de tiempo y una de las mayores fuentes de errores. Consume mucho tiempo y puede convertirse en un factor de estrés añadido. En situaciones apuradas, no encontrar lo que necesitamos con *urgencia* representa una carga más.

Desorden y tiempo

El orden, por el contrario, resulta prodigiosamente tranquilizante. Incluso puede llegar a definirse el estado de estrés como una forma de grave desorden interno. Piensa en la estética rigurosa y sosegada de los jardines de los monasterios japoneses. Aún hay estudios que no reúnen todo el material que pertenece a un encargo en un mismo archivo; y es imposible obtener una visión de conjunto de las tareas si se carece de la información necesaria y si se desconoce lo que los demás ya han resuelto. El tiempo que se pasa juntando fatigosamente datos, apuntes, correcciones y direcciones de contacto podría haberse empleado de forma más racional.

La magnitud del orden y de las necesidades de organización depende de si tienes que dirigir el despacho en solitario o si en la dirección intervienen otras personas. Los autónomos son relativamente libres de establecer el orden subjetivo necesario para trabajar con eficacia. Los documentos comerciales son los que deberían mantenerse en un orden más estricto: ofertas, facturas, declaraciones de impuestos, mutuas y seguros tienen que estar rigurosamente ordenados en la estantería. En caso contrario, la minuta del asesor fiscal —a quien has tenido que entregar una caja de cartón llena de recibos y facturas— te arruinará. En el peor de los casos, si alguna vez se nos somete a una revisión fiscal, el auditor puede llevarse una mala impresión al echar un vistazo a los documentos, lo que tal vez nos salga muy caro y termine siendo poco agradable jurídicamente. El desorden de los documentos financieros puede convertirse en una amenaza real para la existencia profesional.

Normalmente, los despachos de los creativos (y de los psicólogos) no se parecen en nada a los de los asesores fiscales. Así pues: haz lo posible por no malgastar el tiempo en búsquedas y en los subsiguientes problemas que estas acarrean. Cuando se trabaja en equipo y hay varias personas implicadas en un trabajo —personas que tienen que acceder a datos y necesitan todo tipo de información—, es necesario considerar el orden de otra forma. Tiene que resultarte posible seguir trabajando sin dificultad cuando tu colega de despacho esté disfrutando de unas merecidas vacaciones.

En un equipo las reglas del orden no surgen espontáneamente por sí solas, tienen que establecerse o negociarse. Es frecuente que una agencia o un estudio cuenten ya con un orden histórico preestablecido, no obstante, si se percibe que este es una fuente constante de problemas o que, en el peor de los casos, el sistema preexistente no resulta efectivo, lo razonable es intervenir. Todo el mundo se beneficia de las ventajas de unas simples reglas de orden (y no se trata de instaurar una de esas complicadas estructuras burocráticas que terminan desarrollando vida propia).

El orden en el equipo

Para tus clientes no hay nada más molesto que tener que asumir las consecuencias de tu desorden. Por no mencionar que tú mismo terminarás pagando las consecuencias de dicho desorden; por ejemplo, cuando llames repetidamente al teléfono equivocado o envíes unas pruebas para su aprobación urgente a una dirección errónea. Tal vez sean pequeñeces, pero tu trabajo está siendo observado; son interrupciones engorrosas y determinan la opinión que los demás se formarán acerca de ti profesionalmente.

El desorden exige siempre un trabajo suplementario de reorganización, incluso si a primera vista no somos conscientes de ello. Por ejemplo, contar con un único formulario para incluir los datos de contacto y el calendario del proceso de trabajo típico (desde el "encargo" hasta la "factura" pasando por el "proceso de corrección" y la "imprenta") es útil para proporcionar a todo el mundo una rápida visión global del proyecto. Detrás de cada etapa cumplida se puede anotar un visto bueno, la fecha y el nombre del colaborador. Bastará con echar un vistazo para que todos sepan en qué estado están las cosas. Esta sencilla técnica de contar con listas estandarizadas de tareas pendientes es válida incluso para las personas que trabajan solas. Evitan que cualquier cosa pueda caer en el olvido.

Otro vampiro de tiempo es el afán por querer resolverlo todo uno mismo. En el plano psicológico este comportamiento responde a la incapacidad para dominar el impulso de ejercer todo el control. Un aspecto provechoso de las jerarquías es que determinados trabajos pueden simplemente adjudicarse a otros. Un director de arte tiene que ocuparse de cosas diferentes que un asistente, la jefa de la agencia tiene un secretario que realiza determinadas tareas. Durante el periodo de formación, tal vez haya que dedicarse con mayor frecuencia a realizar pequeñas tareas, como hacer fotocopias —y esto es totalmente legítimo (en una medida razonable), porque un grafista o un director de arte deben utilizar su tiempo de otra forma.

Sin embargo, para delegar tareas es necesario que tengamos la competencia y el valor preciso. Delegar con habilidad no es cuestión de arrogancia ni de egoísmo, sino de inteligencia y de comprensión, y va de la mano con nuestra capacidad de poner las cosas en perspectiva: ¿acaso no prestas ayuda a tus compañeros de trabajo en situaciones de estrés cuando tienes tiempo? Dado que solemos hacerlo con toda naturalidad, podemos asumir que los demás también nos ayudarán a nosotros. En la misma escala de la jerarquía es necesario que deleguemos de forma cooperativa; en una relación de toma y daca.

También perdemos mucho tiempo intentando resolver varias tareas al mismo tiempo. La multitarea surge del desasosiego y nos come mucho tiempo. Por desgracia la sensación que tenemos de haber ido más deprisa es solo eso, una sensación. De hecho cuando exigimos demasiado de nuestra percepción, nuestras acciones se vuelven más lentas y aumenta el número de errores. El psicólogo Glenn Wilson, del King's College londinense, ha examinado a empleados que se distraen de sus tareas con el correo electrónico. ¡Pasamos hasta dos horas al día respondiendo mensajes banales!

El peligro de la multitarea

En uno de sus experimentos estableció dos grupos que debían resolver unas tareas determinadas. A uno de ellos se le bombardeó con numerosos correos electrónicos. En ese grupo, el cociente de inteligencia cayó diez puntos: las interrupciones constantes nos hacen tontos. Y hasta qué punto nos hacen tontos lo demuestra el resultado obtenido por el grupo que servía de comparación en el experimento, que debía desarrollar las mismas tareas mientras fumaba hachís:

su cociente solo bajó cuatro puntos. Así pues, cuando activamos la alerta de correo electrónico y nos dejamos interrumpir constantemente, trabajamos por debajo del "nivel de un fumador de marihuana", como escribe Dagmar Ruhwandl.

Nos convencemos de que tenemos que estar disponibles en todo momento y la atención constante a los correos electrónicos se corresponde con esta convicción. Sin embargo, esto constituye una ideología de la intranquilidad: salvo los médicos de urgencia y los bomberos casi nadie tiene que estar listo para cuando lo llamen. No se dan premios a la respuesta más rápida de un correo electrónico; además: ¿cómo sabes que el destinatario leerá enseguida tu mensaje?

Por todo esto, es aconsejable emprender las tareas de una en una. Cuando dirigimos nuestra concentración a una sola cosa ahorramos nuestras energías, cometemos menos errores y, sin duda, somos más rápidos. El ejercicio de escuchar con atención se ve recompensado porque facilita la absorción de información. Nuestros interlocutores se sentirán agradecidos cuando observen que estamos concentrados en ellos y no nos oigan teclear en el ordenador al otro lado de la línea telefónica.

Concentrarse en una sola tarea

Tampoco en situaciones de estrés estamos a salvo de que nos lleguen consultas y peticiones. Las desagradables no suelen ser un problema, las más difíciles de gestionar son las formuladas amablemente por gente agradable. Se desencadena entonces un mecanismo psicológico negativo que podemos resumir con ironía afirmando que uno termina diciendo "sí" cuando no le sale la palabra contraria. Todos sabemos que esto puede conducir a una fuerte sobrecarga. Hay periodos en los que podemos ayudar y otros en los que nos resulta imposible aceptar más trabajo. Sin embargo, decimos que sí porque, en caso contrario, nos tortura la mala conciencia. Y consideramos esta carga mucho más fastidiosa que el exceso de trabajo.

Es probable que entre los incapaces de decir "no" haya un mayor número de mujeres que de hombres. La sociedad se nutre de nuestro altruismo. Cuando los psicólogos hablan de conducta pro-social se refieren justamente a lo contrario del egoísmo o el hedonismo. Se trata de dar, no de tomar. También las grandes religiones del mundo favorecen esta actitud ética; en el cristianismo hay que amar al prójimo pero también a nuestros enemigos. Joseph Beuys decía: "Nada para mí, todo para los demás".

Este valor, fundamentalmente humanista, no se pone en cuestión. Pero precisamente en el ámbito laboral debemos poder decir "no" y marcar nuestros límites. El consultor de management Wolfgang Hoverstädt menciona algunas de las razones por las que resulta tan difícil negarse. Por ejemplo, "el deseo de ayudar a los demás [...] relega a un segundo plano las propias obligaciones". O bien nos sentimos obligados a recompensar la ayuda recibida, haciéndonos imprescindibles, por lo que seguimos aceptando nuevas tareas. El miedo a decepcionar a los demás puede ser decisivo.

Saber decir "no"

Un no puede enturbiar totalmente la armonía en el despacho. Detrás de la incapacidad de decir "no" se esconde mucho más que un punto flaco psicológico y, en la actualidad, los psicólogos saben cuáles son los motivos y cómo manejarlos.

Diseñadores desprendidos y ayudadores

En su obra clásica *El arte de conversar* el psicólogo Friedemann Schulz von Thun describe dos estilos de comunicación para los que decir "no" es anatema. Por una parte, el estilo solícito: para las personas que corresponden a este grupo "ser débil (estar desorientado, triste, desesperado) y estar necesitado representa una verdadera catástrofe". Pocas veces formulan sus propios deseos, se hacen fuertes ayudando a los demás, con frecuencia saliéndose de los propios límites de lo razonable.

A finales de la década de 1970, el psicoanalista Wolfgang Schmidtbauer denominó a este fenómeno el "Síndrome del ayudador". Observó que en las profesiones sociales prestar ayuda puede responder a una doble motivación. Una "ventaja íntima del comportamiento altruista y soberano reside en que quien presta ayuda puede evitar de esta forma enfrentarse a algo que teme: su propia necesidad de relacionarse, sus puntos débiles". Lo que en origen solo se manifestaba entre pedagogos, médicos, terapeutas y trabajadores sociales, hoy puede apreciarse también en muchos otros sectores laborales. En el sector servicios, los contactos interpersonales ocupan el primer plano y, ¿quién no acudiría a un diseñador de la comunicación para que le ayudase?

El autorretrato del ayudador, según Schulz von Thun se define así: "¡Soy fuerte y no necesito a nadie!". Pero esta afirmación es una bomba de relojería. Las personas que son pretendidamente fuertes ayudan incondicionalmente y sin medida: nunca dicen "no". Estas personas deberían aprender a reconocer la autonomía y la necesidad. Los demás también pueden apañárselas sin nosotros, "ya son mayores". Presta ayuda a los demás en casos de verdadera necesidad o cuando te lo pidan. El reto consiste en saber preocuparse y ayudar pero marcando unos límites. Los budistas diferencian la piedad egoísta de la compasión reflexionada.

Los llamados "ayudadores" se colocan en una posición fuerte, ayudan desde arriba. Algunos compañeros o clientes se empeñan en explicarnos detalladamente algo que nosotros ya conocemos o que sabemos hacer mucho mejor: "Puedo mostrarte cómo hacerlo en InDesign...". A veces simplemente se ignora al verdadero especialista porque el "ayudador" desea colocarse en una posición de superioridad. La ayuda desmedida también puede encerrar cierta arrogancia, por cuanto significa: ¡No puedes hacerlo solo!

El ayudador arrogante

Una modalidad creciente de este mecanismo es el estilo desprendido, este procede de abajo. Las personas desprendidas tienden a adoptar posturas de sacrificio, de su cuello cuelga siempre el rótulo con el "sí" escrito. En este caso, según Friedemann Schulz von Thun, su autorretrato, su mensaje anímico básico se describe así: "¡Yo mismo carezco de importancia, solo al ponerme a tu servicio o al servicio de otros sirvo de algo!". Quien así se define, únicamente a través de los demás, se rebaja continuamente, "se ignora a sí mismo", y puede llegar hasta el punto de obviar sus propias necesidades.

Los desprendidos quieren satisfacer a todos los demás. No pueden decir "no" porque su máximo precepto es la armonía. Y es precisamente esto lo que genera conflictos: las expectativas que se depositan sobre nosotros suelen ser contradictorias. En el mundo de los emprendedores es importante la autoafirmación para sobrevivir. (¡Esto no quiere decir ser egoísta!) Solo quien de verdad conoce sus necesidades logra crear un entorno adecuado para trabajar de forma creativa y con buen rendimiento a largo plazo. Puesto que no hay un timbre para el descanso ni ningún reloj que cuente las horas extra, la responsabilidad de marcar los límites reside en uno mismo. Los desprendidos deben aprender a decir "yo" y "no" porque las exigencias del mundo laboral no tienen medida, nunca pueden colmarse del todo.

Imponer límites

Se han descrito de forma detallada estos dos estilos de comunicación porque son las piezas de un rompecabezas del que forma parte algo más: el comportamiento abusivo y explotador. En muchos estudios y agencias los directivos no renuncian a hacer a los trabajadores demandas inaceptables —con frecuencia especialmente a las mujeres jóvenes—. Al no haber fijado sus límites, estos empleados son incapaces de decir "no" y trabajan día y noche por un sueldo irrisorio.

Los empresarios que solo piensan a corto plazo se aprovechan de una estructura psicológica que parece prometerles ventajas económicas. Los trabajadores solícitos y desinteresados los sacan de un apuro, evitan conflictos y terminan por despedirse ellos mismos, exhaustos. Esta situación se distingue por la elevada frecuencia de rotación del personal que muestran estas empresas: cuando después de dos o tres años se han superado los límites saludables, se recluta a una nueva generación de desprendidos.

Aprender a decir "no"

Saber decir "no" de forma adecuada tiene sus ventajas y puede aprenderse. Por una parte, los compañeros de trabajo le toman a uno más en serio, porque al mostrar los propios límites perfilamos el contorno de nuestra personalidad. No obstante, existe un fenómeno psicológico (que los buenos vendedores no dudan en aprovechar) que dificulta las cosas: la tendencia de los individuos a decir "sí", la gente prefiere asentir.

Quien es capaz decir "no" es honesto. La ventaja del no bien dosificado es evidente: eres dueño de la situación, más consciente de tu propio valor y por ello el respeto con el que te tratan es mayor. Sobre todo, ganas tiempo para realizar tus propias tareas. Si ves que vacilas ante una pregunta, el truco más sencillo es pedir tiempo para reflexionar en primer lugar. Nadie te obliga a contestar de inmediato, solemos arrepentirnos de las decisiones espontáneas. Para escuchar la voz interior se precisa de tiempo, con frecuencia nuestra intuición participa en la respuesta.

Ventajas de saber decir "no"

Solo deberíamos aceptar compromisos cuando estemos completamente seguros de que vamos a poder cumplirlos. Quien dice sí con mucha frecuencia también tiene que disculparse con frecuencia y esto crea desconfianza. Tras un periodo dejamos de confiar en personas que no dicen lo que piensan. En el fondo, un "sí" únicamente tiene un efecto positivo cuando estamos seguros de que es sincero. Y el "no" solo enturbia la armonía cuando lo pronunciamos en un tono duro. Quien dice "no" de manera tranquila, amistosa y razonada encuentra comprensión y respeto. Si ha dicho "sí", se siente entonces obligado, no hay ninguna obligación de decir que "sí".

No te exijas más a ti mismo que a los demás. Precisamente en el mundo laboral, saber decir que "no" nos protege aunque no siempre resulta fácil. ¿Qué pensarán los demás? ¿Puedo decir "no" a mi jefe? Son preguntas subjetivas y difíciles de clasificar. Por lo general se permite que los demás pregunten: el problema no radica en el que pregunta, sino en el que contesta de forma insincera.

Quien piensa "no" pero dice "sí" y más tarde pierde los nervios ha caído en una trampa psicológica. Cree que puede cambiar a los demás. Para aclarar este conflicto nos ayuda una razón psicológica: ¡Solo puedes cambiarte a ti mismo, nunca a los demás!

Responder con sinceridad

A este respecto, tiene que ver también el problema, más amplio, de la cantidad de energía que invierten muchas personas enfadándose con los demás. El enfado es suyo y de ninguna manera servirá para cambiar a los demás. (Con frecuencia no saben que estamos echando pestes o les resulta sencillamente indiferente.) Profesionalmente es absurdo entablar una lucha enconada contra los compañeros. Deja que los demás sean tal como son, pero encuentra un trato consecuente con ellos. Los demás no tienen derecho a cambiarte, es decir, a forzarte a decir "sí": ahí tienes que marcar los límites. Ni a través de un "sí" manifiesto ni a través de un "no" ganarás esta clase de forcejeos. El antropólogo estadounidense Gregory Bateson lo ha aclarado en su pensamiento sistémico: quien libra un combate contra su entorno y lo gana en realidad se vence a sí mismo.

El arte del conflicto

Los seres humanos son peculiares. Son seres biológicos y en este sentido, como expresa Friedrich Glasl, "antisociales". Consumen la naturaleza y sin embargo dependen los unos de los otros. Al mismo tiempo, los hombres son seres mentales, destinados a múltiples contactos sociales y que disfrutan de los mismos derechos. Pero también son, al final, seres espirituales y, con ello, "asociales"; es decir, acuciados por la necesidad de estar solos, de encontrarse a sí mismos y de desarrollarse. Tal vez no sea una coincidencia que un autor antroposófico, Friedrich Glasl, haya escrito una obra de referencia sobre el tema de la gestión de conflictos. El autor era un tipógrafo cualificado y, más tarde, se doctoró en Ciencias Políticas.

En la película *La guerra de los Rose* aparecen representados cada uno de los niveles de conflicto del modelo de Glasl. Este ha observado la profunda dimensión que tienen los conflictos humanos. Se trata de mucho más que de simplemente imponerse. Es irrelevante la técnica que empleemos, teniendo en cuenta la contradicción humana, los conflictos siempre son inevitables. Ya antes de que conozcamos a otras personas, tenemos los primeros conflictos con nosotros mismos.

La inevitabilidad del conflicto

Todo el mundo experimenta conflictos intrapersonales: querer a un mismo tiempo dos cosas contradictorias: estar delgado y comer chocolate; sentirse totalmente libre y también seguro. Pero hasta nuestro mundo interior depende de las experiencias sociales: la opinión de los demás influye incluso en lo que pensamos sobre nosotros mismos. Los roces, tanto internos como externos, son normales. Por lo que hay que luchar y trabajar es por la armonía.

En las últimas décadas la cultura del trabajo se ha transformado notablemente. El desarrollo económico dinámico, las jerarquías horizontales, la exigencia de la flexibilidad y una mayor demanda de la capacidad del trabajo en equipo implican "también un aumento de los procesos de sintonización", como los llama la psicóloga Erika Spiess. Y cuanto más nos comuniquemos, más problemas de comunicación tendremos.

El psicólogo Karl Berkel lo expresa más fríamente: "Los seres humanos viven en relación entre sí, dependen los unos de los otros. En estas condiciones, los conflictos son inevitables". Por una parte, la afirmación de que las personas son diferentes unas de las otras es un lugar común en la época del individualismo; pero, por otra parte, esta característica se ha ido acentuando. Por eso crece la sensación de que las personas apenas tienen ya algo en común. Sin embargo, muchas de estas diferencias se refieren únicamente al ámbito cognitivo, es decir, a nuestro pensamiento, percepción y habla.

Glasl considera que estas desemejanzas son un logro: "En sí no tienen por qué conducir a conflictos, sino que, más bien, constituyen las condiciones previas para la creatividad y la vida. De las diferentes formas de ser nacen solo ideas nuevas. La resolución de conflictos no pretende por ello anular esas diferencias, sino enseñar a las partes a manejarlas de forma constructiva". Esto también es aplicable a los desacuerdos en el ámbito emocional: el que sintamos de forma distinta no es motivo de pelea. Se llega a un conflicto cuando (al menos) dos de los actores se molestan o ponen trabas mediante acciones incompatibles.

Gestión de las diferencias

Los seres humanos tienen profundamente arraigado el deseo de armonía, pero por desgracia se tropiezan con el mundo real, que no encaja en absoluto con el ideal. Los conflictos nos obligan a enfrentarnos con las realidades e intereses de otros. Todo lo anterior suena estupendo, pero ignora las emociones negativas que acompañan los conflictos. La mayoría de las veces solo se aprende algo de un conflicto a posteriori, antes resulta una carga.

Detrás de un conflicto pocas veces se esconden malas intenciones. Con frecuencia perturbamos la armonía de los otros sin siquiera darnos cuenta. Simplemente un teléfono con el timbre demasiado alto o con una melodía extravagante es capaz de enervar a los compañeros de trabajo. Un comportamiento irreflexivo, es decir, inconsciente, o una mera afirmación pueden resultar hirientes.
Si hablas mal de una película sin sospechar que a tu interlocutor le encanta, se instala el mal ambiente y solo entonces te das cuenta de que has metido la pata. Sin embargo, no podemos controlar hasta estos extremos todas nuestras afirmaciones; por lo general, los malentendidos y conflictos son inevitables. Pero cuando aparecen, algo cambia. Los conflictos pueden *deformar nuestra percepción*, llevarnos a un estado enfermizo. Y este es responsable de que terminemos por destrozar la vajilla.

Cegado por el odio

La agresividad, como el miedo, es un programa biológico especial de nuestro cuerpo, estas reacciones nos confieren fuerzas sobrehumanas, nos provocan una respuesta de huida o de ataque. Sin ellos el hombre no habría sido capaz de sobrevivir. Nuestro cerebro es mucho más anciano que nuestra civilización, todavía joven, que exige un refinamiento exquisito. Hoy los comportamientos agresivos están mal vistos, pero basta observar el ambiente caldeado de los estadios de fútbol para darse cuenta de que aún existen.

El cerebro humano no ha cambiado en unos cuarenta mil años; comparativamente, la escritura como fundamento de una civilización desarrollada es relativamente reciente, se inventó hace solo cinco mil años. Hace apenas ochocientos años que el sistema numérico arábigo es de uso corriente en Europa.

En la mesa de negociaciones o en el seno del equipo del proyecto los programas de emergencia primitivos de nuestro cerebro ni están bien vistos ni son bien recibidos, y en estas situaciones los ataques de los animales salvajes son la excepción. En situaciones de conflicto podemos desarrollar un estado de atención sumamente selectivo del que ni siquiera somos plenamente conscientes. "Vemos algunas cosas especialmente claras y pasamos otras por alto", escribe Friedrich Glasl. Nuestra perspectiva del espacio y el tiempo se estrecha, la materia del conflicto y los acontecimientos de este se perciben deformados. A veces duplicamos la carga emocional y al hacerlo olvidamos nuestro objetivo.

Atención selectiva

Consideramos que estamos en posesión de la verdad y que los otros están equivocados y esto repercute en la imagen que tenemos de nosotros mismos y de los demás. Naturalmente, nosotros somos los buenos y los otros los malos. Las partes afectadas en un conflicto se muestran hipersensibles y pierden la capacidad de tratar de comprender al otro o de adoptar la perspectiva de la otra parte. Glasl lo llama "autismo social", caracterizado por un profundo empobrecimiento de la conducta. "En un conflicto no somos capaces de mostrar ni de aprovechar en absoluto las diferentes conductas que podríamos mostrar en otras circunstancias."

¿Qué hacer?

Cuando estalla la tormenta, hay que recoger velas. El mero hecho de mostrarse comprensivo con las razones del "contrario" sirve para aliviar la tensión. Mientras todo el mundo esté atrincherado, no se avanzará. Los llamados conflictos calientes, que se caracterizan por la hiperactividad y la hipersensibilidad, tienen que dejarse enfriar. Para hacerlo, con frecuencia basta con aplazar la discusión hasta el día siguiente. A continuación es aconsejable dar forma al conflicto: ambas partes tiene que estar de acuerdo en aceptar unas reglas determinadas. En casos difíciles también ayuda una mediación. Un "mediador" neutral dirige la comunicación siguiendo unas normas imparciales. Los conflictos calientes pueden convertirse en conflictos fríos, pero poco se gana con ello.

Conflictos fríos y calientes

Los conflictos fríos nos vuelven resignados y pasivos. Se reprimen los sentimientos y crecen la frustración y el desencanto. Con frecuencia, la comunicación y los contactos cara a cara se rompen. Los conflictos fríos están "latentes", como si estuvieran, en cierto modo, encerrados en una olla a presión. El conflicto tampoco desaparece cuando vence una de las partes. Solo se resuelve cuando desaparece el motivo del conflicto. Friedrich Glasl diferencia cuatro formas de intervención. Lo más razonable es prevenir el conflicto. Cuando este ya ha estallado hay que actuar de forma curativa. En los casos de conflictos latentes puede resultar de ayuda acentuarlos (solemos estar agradecidos a aquellas personas que hablan abiertamente de lo que se suele barrer debajo de la alfombra), y en los conflictos abiertos hay que intervenir moderando la confrontación para que se normalice la percepción.

Karl Berkel aconseja reflexionar sobre si el conflicto se debe a motivos personales o profesionales. En las diferencias personales, para cambiar las cosas hay que intervenir en el nivel de los sentimientos; los conflictos profesionales pueden combatirse solucionando problemas. Parece sencillo, pero distinguir el nivel del problema no siempre es fácil. Detrás de enfrentamientos en apariencia objetivos se esconden conflictos relacionales.

	Moderar	Acentuar
Intervención preventiva	Entrenamiento en métodos de comunicación: para prevenir los problemas de comunicación se establecen unas reglas de juego de la información.	Sesión de confrontación para evitar que un conflicto en ciernes se enfríe: en presencia del mediador, se habla de forma selectiva de las preocupaciones, miedos e insinuaciones.
Intervención curativa	Se reconstruye y se clarifica el desarrollo del conflicto: las partes en conflicto aclaran sus distintas percepciones de la situación.	Los conflictos fríos existentes se explicitan y representan en un juego de rol: un agente interesado anima a sus clientes a defender con vehemencia sus opiniones.

(Glasl 1992, pág. 292)

¿Encuentras malos los proyectos de un compañero solo porque una vez te ofendió? ¿Tiene tu compañero la menor sospecha de que te has enfadado con él? Cuando las emociones entran en juego es necesario proceder de forma distinta para clarificar la situación. En estos casos deberíamos evitar las alharacas disfrazadas de términos técnicos.

Antes de hablar serenamente sobre un proyecto, debes tener claro qué es lo que te ha molestado. Solo así podrás tener una perspectiva nítida. El experto en negociaciones Wolfgang Salewski y el psicólogo Friedhelm Köhler señalan que incluso la comunicación puramente objetiva puede recrudecer los conflictos. En tales casos, las emociones se "visten de argumentos objetivamente lógicos". Quien siempre es objetivo ignora, por decirlo así, que a la mesa se sientan seres humanos con sus emociones y que tal vez sea aconsejable preguntar por ellas.

Si se desea evitar malentendidos, los niveles práctico y emocional deben estar equilibrados. Cuando un equipo trabaja duro para un concurso, pero al final no recibe el encargo, no se trata únicamente de una cuestión financiera. Incluso si se recibió una remuneración por la propuesta presentada, el desencanto se extenderá. Hay que hablar de los dos aspectos. Los motivos y emociones que se manifiestan de forma transparente pueden influir positivamente en la gestión de la crisis. Cuando una decisión pueda justificarse racionalmente pero a algunos compañeros de trabajo les deje "una mala sensación", merece la pena intentar aclarar el asunto.

El género influye en el comportamiento durante el conflicto. Erika Spiess escribe al respecto: "En las civilizaciones individualistas las mujeres, a diferencia de los hombres, optan generalmente por el compromiso". Esto significa que las mujeres están en clara ventaja. Cooperar es rentable a largo plazo. Tiene efectos positivos sobre el clima de trabajo, la identidad del grupo, el flujo de información, la resistencia al estrés y la satisfacción en el trabajo de los miembros del equipo. Es frecuente que durante los conflictos pongamos unas expectativas sobredimensionadas en la solución. Si pensamos en la naturaleza esencialmente contradictoria del ser humano, la resolución final de conflictos no es un objetivo realista. Junto a la profesionalidad, las preferencias subjetivas y el gusto personal también desempeñan su función. De ahí que sea imposible acabar con todas las diferencias existentes.

La cooperación

Karl Berkel recomienda establecer unas directrices para las situaciones de conflicto, y aunque eso no reduce del todo la tensión, al menos la canaliza. Mientras vivamos no lograremos hacer realidad una jornada laboral carente de conflictos. Pero sí merece la pena esforzarse por mantener los conflictos alejados del perímetro de riesgo.

Trabajo en solitario o en grupo

Pocas veces somos nosotros mismos los que elegimos si trabajamos en solitario o en grupo. Los autónomos también suelen colaborar en proyectos en los que varios actores persiguen un objetivo, es decir, también ellos trabajan en grupo. El trabajo en equipo y el espíritu de equipo están a la orden del día. Apenas encontrarás ofertas de empleo donde no se exija la capacidad de trabajar en equipo. Esta tendencia es muy dominante y cualquier actitud escéptica ante ella parece egoísta e insociable.

Sin embargo, la perspectiva científica nos invita a dudar de esta afirmación. El trabajo en grupo no siempre es, por fuerza, el más eficaz. Uno de los juegos de creatividad más habituales —la lluvia de ideas— parece ser incluso contraproducente.

El psicólogo económico Lutz von Rosenstiel señala que en los experimentos realizados los individuos por separado reúnen más ideas productivas que durante el proceso grupal. *El hallazgo de una idea es a fin de cuentas una tarea individual,* mientras que las variaciones y la formulación de críticas es una labor de equipo. Así, los grupos resuelven crucigramas mucho mejor que los individuos; pero construir un crucigrama es más fácil para un solo individuo.

Diferencias de eficacia

Entre las posibles desventajas del grupo se cuenta el peligro de que surjan efectos negativos para la motivación. Por ejemplo, los equipos mal organizados, cuyos resultados apenas logran evaluarse, invitan a la holgazanería social. Con ello nos referimos al descenso inconsciente del compromiso, porque algunos de los colaboradores creen que otros miembros del grupo solucionarán el asunto mejor y más deprisa. Quien opina que su aportación al grupo es insignificante se compromete menos, aunque él mismo no lo note.

Ya sea en una vivienda compartida o en un despacho, algunos mantienen la cocina limpia mientras que otros se limitan a dejar por ahí los cubiertos sucios. Este tipo de conductas solo tienen lugar en los grupos; quien está solo no se demorará en limpiar la vajilla, de otro modo se quedará sin tazas limpias. Las causas de los comportamientos desconsiderados están, con frecuencia, en limitaciones de la percepción y en patrones de comportamiento egocéntricos adquiridos. Es posible que una persona a quien su familia ha mimado toda su vida y que no haya tenido que contribuir nunca al mantenimiento de la casa no haya aprendido los modos de comportamiento social. Inconscientemente se rodea de personas desinteresadas que lo hacen todo por ella. En el mundo laboral esta conducta origina conflictos —muy probablemente por vez primera para esa persona.

Para un óptimo desarrollo social es necesario contar con unos límites visibles. La mayoría de las personas tienen la capacidad de aprender, pero precisan de señales claras. Se exige demasiado a la escuela en tareas educativas porque escasean los trabajadores sociales escolares. Lamentablemente, en la mayoría de las escuelas superiores de disciplinas creativas los estudiantes no reciben preparación para los aspectos sociales de la vida laboral. Las escuelas superiores suelen establecer una cultura de la falta de obligación y compromiso. Una vez en el mundo laboral, los estudiantes en prácticas, los becarios y los recién graduados suelen sorprender por este déficit elemental en su comportamiento.

Compromiso con el grupo

El sentido del deber, el compromiso, tener intuición para vestirse de forma adecuada, un adecuado comportamiento social o la puntualidad son cosas que se dan por supuestas en la vida laboral. El trabajo en grupo es la regla general, aunque para que resulte fructífero son necesarias unas competencias sociales básicas. Muchos de los comportamientos típicamente estudiantiles se convierten sistemáticamente en materia de conflicto en el mundo laboral.

Todavía más desagradable es la ociosidad social consciente y deliberada, los llamados parásitos, los que creen que lo normal es que sean los demás quienes hagan el trabajo por ellos. Ya sea consciente o inconscientemente, sigue existiendo una clara diferencia entre hombres y mujeres; ¡y con frecuencia el problema son los hombres! Es conveniente empezar por pensar si un trabajo debe encargarse a un grupo o a un individuo. Von Rosenstiel señala que los grupos solo son superiores en productividad cuando "la tarea parece, [...] desde alguna perspectiva, divisible". Los efectos negativos que se han descrito respecto de los grupos solo aparecen cuando las condiciones previas son malas y no se establecieron previamente unas reglas.

El trabajo creativo es, sin duda, un asunto solitario, el diseñador desarrolla su actividad aislado y concentrado. En compañía de otros podemos desarrollar más rápidamente labores rutinarias, y para este tipo de cosas los grandes espacios diáfanos presentan más ventajas. Pero los procesos creativos pueden incluso verse obstaculizados por la presencia de otros, a causa de las distracciones y el ruido. Tener el despacho en un espacio diáfano puede quedar precioso pero para el desempeño de tareas complejas plantea muchas desventajas desde el punto de vista psicológico.

Trabajar en espacios comunes

No solo el nivel de decibelios es ya un problema, sino el hecho de que estemos constantemente escuchando las llamadas telefónicas y las conversaciones de los demás. En el fondo domina "un ultrasonido informativo", según lo denomina el psicólogo Diether Gebert. De ahí que el problema más habitual de los despachos en grandes espacios diáfanos sean las interferencias en la concentración.

Una imponente nave industrial renovada o un *loft* suelen ser el sueño de muchos diseñadores —alimentado por una abundancia de fotografías sugerentes— pero, en realidad, estos despachos de un solo espacio menoscaban el rendimiento (hay una razón por la que este tipo de arquitectura no se ha implantado en la ciencia). Por otra parte, los grupos son *socialmente provechosos*: el déficit temporal de uno puede compensarse con un mayor esfuerzo de los demás. Los individuos no siempre rinden al mismo nivel; sin embargo, es más fácil mantener constante el rendimiento de un equipo que el de un individuo.

El tamaño de los grupos influye en la efectividad. Los resultados de las investigaciones señalan que los grupos de cinco miembros son los que mejor trabajan. La ventaja de un número impar de miembros reside en que las votaciones nunca quedan en tablas. El grupo no puede bloquearse durante mucho tiempo. No es gratuito que en algunos deportes, como por ejemplo el baloncesto, el voleibol y el hockey sobre hielo, los equipos tengan cinco jugadores activos. Estos deportes exigen mucho técnicamente, son muy rápidos y reclaman una coordinación del grupo sumamente efectiva.

En los grupos mayores, la cohesión es menor y desciende la satisfacción de los miembros del equipo. Aumentan los conflictos durante las votaciones, las fricciones, y se aprecia peor la aportación de cada uno de los miembros del equipo. Von Rosenstiel también señala que en los grupos grandes la dimensión de la recompensa por miembro desciende: ser uno de cinco o uno de cincuenta constituye intuitivamente también una diferencia. En cuanto la participación de los individuos en la productividad del grupo se hace invisible, aumenta el número de *parásitos*.

Atributos del trabajo en grupo

Los equipos se forman cuando se persigue un objetivo común y cuando los implicados logran desarrollar una cierta cohesión. Incluso en los grupos en los que no hay una jerarquía explícita establecida, se instaura enseguida una "ley del más fuerte". Están los machos alfa que se autoproclaman —a menudo de forma inconsciente— jefes y asumen una función directiva. A los demás miembros del grupo (desde los beta hasta los omega) esto suele parecerles bien. Hay suficientes roles para asumir: desde el del especialista hasta el del payaso o el del padre espiritual, pasando por el del simpatizante o el cabeza de turco.

Las cosas se complican cuando hay dos o más machos alfa que reclaman la dirección informal del grupo. Por eso todo grupo necesita reglas y normas claras, que deberían estipularse en común y cumplirse sin excepción. También deben establecerse previamente los tipos de sanciones que se aplicarán en caso de que se transgredan esas reglas. Se le puede dar un tono simpático: dejar unos euros en la caja del café.

Establecer unas reglas del grupo

Las reglas del grupo refieren sobre todo a lo relativo a las reuniones (periódicas), las competencias y la comunicación.

Designar una dirección del equipo —si no surge de la misma jerarquía de la agencia— aligera la tarea y, por eso, es práctico. Sobre la base de unas reglas comunes se puede trabajar de forma eficaz y el sentimiento de unidad no tarda en surgir. El que el grupo se vea apoyado por la dirección de la empresa y que como tal grupo logre un elevado grado de cohesión sin duda obra efectos positivos en la productividad. Como Lutz von Rosenstiel señala, también aumenta la satisfacción laboral y descienden las bajas por enfermedad y la fluctuación. ¡Un equipo sin fricciones mueve montañas!

¿Cómo surge un equipo?

Cinco personas que por primera vez se juntan en una sala de reuniones todavía no forman un equipo. Alrededor de la mesa solo están sentados cinco individuos. El secreto de un equipo que funciona es que sus resultados superan la suma de los rendimientos individuales de sus miembros. Para que un grupo de individuos se convierta en un equipo antes tienen que conocerse. En las agencias más pequeñas con frecuencia esto no se tiene en cuenta porque todos creen conocerse.

Un equipo: más que un grupo

El primer encuentro debería celebrarse en un ambiente relajado, por ejemplo, durante una comida de mediodía. Una ronda de presenta-ciones sirve para mostrar las experiencias, condiciones marco y expectativas. Esto suele bastar, pues cuando la gente se reúne siempre aparece algún tema de conversación. Si existe una dirección de equipo, en esta ocasión desempeña su primera y más importante tarea. Las "dinámicas de presentación" que tanto gustan a los animadores culturales —igual que los lamentables juegos durante las bodas— son una tortura para la mayoría de los seres humanos. Hay que confiar en que los adultos sean capaces de presentarse y conversar como adultos.

En esta primera fase de la formación de un grupo se aclaran las condiciones individuales iniciales: ¿Están todos los miembros voluntariamente en el grupo, están motivados, tienen en realidad alguna otra cosa que hacer? ¿Se unen grandes expectativas y dedicación al proyecto, a las ambiciones profesionales o el contrato se acabará al cabo de pocos meses? ¿Se tienen (buenas/malas, largas/breves) experiencias con el trabajo en equipo? ¿Tienen todos jornada completa, cuántas horas a la semana se piensa dedicar al trabajo en equipo? ¿Qué grado de flexibilidad horaria tiene cada uno, qué obligaciones tienen además del trabajo (familia, cargos honoríficos, etc.)? Todas estas preguntas obtienen respuestas muy distintas en un equipo. Las diferencias no son un problema si se tematizan francamente. No se pide igualdad, sino aceptación.

Integrar las diferencias

En la primera fase, el grupo se protege de las falsas expectativas y los cálculos erróneos de las propias posibilidades. Al final de la fase de conocimiento mutuo y con vistas a la tarea laboral se perfila un sentimiento de unidad: con él se constituye el grupo. En la segunda fase tienen que negociarse las estructuras sociales del grupo. ¿Quién se encarga de la dirección? ¿Quién quiere ocuparse de qué tareas? Deberían establecerse unas reglas de comunicación en las que todos pudieran confiar.

En la tercera fase, como describe el psicólogo laboral Conny Antoni, se forman las normas de comportamiento y rendimiento. Los grupos adoptan muy deprisa "costumbres" y rutinas respecto a sus tareas. Es entonces cuando se llega a una auténtica fase de rendimiento.

Incluso la disolución de un grupo puede organizarse: quien ha conseguido conjuntamente algo y ha tenido éxito debería hallar un final común. Es el momento de intercambiar lo que cada uno ha encontrado mejor o peor hecho, con qué nuevos conocimientos concluye su experiencia con el equipo. Para la dirección del equipo la valoración es muy importante: ¿qué opinión les merece a los miembros el director? Junto con la crítica mutua y el repaso entre todos de los buenos y malos momentos del trabajo en equipo, hay un aspecto que no debe olvidarse: ¡La generosidad con el reconocimiento y el elogio!

¿Qué función desempeña la dirección del equipo?

Dirigir un equipo es un desafío social. Requiere experiencia en el trato con las personas, también en situaciones de estrés. Esto significa que no es imprescindible que sea el mejor diseñador quien tenga que asumir la dirección de un grupo de trabajo. El desarrollo de una campaña magnífica y la dirección de un equipo exitoso son dos cosas totalmente distintas.

La tarea de la dirección consiste en coordinar hábilmente los procesos en el interior del grupo así como de las demandas de los clientes y superiores. Con la proliferación del trabajo en grupo ha ido haciéndose cada vez más frecuente el papel de gestor de proyecto o *project manager*. La dirección del equipo puede descargar a los diseñadores de muchas labores de comunicación, de correos electrónicos, llamadas telefónicas y encuentros con clientes. Gestiona dentro y fuera.

La dirección continuamente debe hacer observaciones a los miembros del grupo para que las piezas encajen y el proyecto avance en la dirección deseada. Solo a través de la valoración desde arriba se hará perceptible la participación de cada individuo y se reforzarán la cohesión del grupo y la motivación. No hay nada más desalentador que comprometerse con una tarea y no saber cuál ha sido la aportación propia. Un comentario crítico es desagradable, pero también conlleva un reconocimiento del trabajo; la ausencia de valoración se interpreta como indiferencia.

Solo la dirección del grupo es capaz de establecer las prioridades de las tareas; si cada uno de los miembros del grupo se encargara de hacerlo, reinaría el caos. Lutz von Rosenstiel recomienda un modelo de dirección en el cual los miembros del equipo tengan posibilidades equitativas de cooperación: dirigir no significa que uno manda y los otros obedecen. Los miembros del equipo se sienten más satisfechos del trabajo cuando intervienen, en especial en momentos en los que las exigencias de rendimiento son altas. Quien aspira a trabajar con personas que se responsabilicen de sus tareas tiene que darles la

---

Competencias del director

oportunidad de asumir responsabilidades. Aun así, debe ser una sola persona la que modere el trabajo de grupo, aclare asuntos, mantenga la cohesión y controle el proceso. Esto alivia al resto del equipo de las labores organizativas. De este modo los miembros del grupo se concentran en su trabajo y no tienen que estar ocupándose continuamente del conjunto del proyecto.

Una dirección demasiado autoritaria tiene consecuencias negativas en el rendimiento del equipo. Quien decide sobre todo y amenaza con castigos crea desconfianza y daña la motivación de los miembros del equipo. El estilo de dirección autoritario solo tiene desventajas —al menos desde un punto de vista científico—. El "dictador" desperdicia la energía de los miembros del grupo. Debe forzarlos a someterse y para lograrlo depende del uso de formas (verbales) de violencia. En el mundo laboral los dictadores prefieren súbditos antes que compañeros de trabajo, pues a aquellos les resulta cómodo ajustarse generosamente a la autoridad.

El director autoritario

No todo el mundo se siente cómodo con la libertad y la responsabilidad: ambas exigen valor y esfuerzo. Durante un mal día desearíamos simplemente seguir órdenes a ciegas. De todos modos, a estas alturas el mundo se ha vuelto demasiado complicado, una persona no puede saber por sí sola qué solución será la mejor. Han pasado los tiempos de ordenar y servir sin condiciones. Quien en la democracia se convierte en súbdito y quiere recibir órdenes no está precisamente en el camino hacia la elite creativa. Así pues, la creatividad tiene un lado marcadamente social, por cuanto es el resultado del trabajo en equipo. Cada uno debe actuar según lo convenido, pero pensar siempre por sí mismo.

Otra forma errónea de dirección que puede resultar simpática a primera vista es la negación del papel de director. A veces el director del equipo o incluso de la empresa preferiría ser simplemente "uno más". Desorientado, traslada la solución de preguntas decisivas al grupo. La apariencia horizontal de la jerarquía, el tuteo prematuro, las reuniones en bares de moda y los despachos en impresionantes espacios diáfanos de vanguardia crean una atmósfera semiprivada.

Todo el mundo parece igual de joven y viste según la moda; en el sector creativo, los timoneles no suelen diferenciarse visualmente de los remeros. Las apariencias sugieren que estamos todos en el mismo barco, que somos una familia (sustitutiva) y que prestamos un servicio juntos y con los mismos derechos. ¡Pero eso no es más que fachada! Renunciar a la dirección no significa que no se siga teniendo el poder —a fin de cuentas, la agencia tiene que ser de alguien—, sino que se ejerce de forma no explícita.

El director ausente

Por desgracia, las diferencias de poder siempre terminan por abrirse camino, y esto degenera en abusos y origina numerosos conflictos. Lo que en realidad debería ser una decisión tiene que ser resuelto de modo informal por los miembros del grupo, que carecen de competencias para ello. Es difícil imponer decisiones entre los miembros de un equipo que disfrutan de los mismos derechos. Se producen disputas y se acumulan las cuestiones sin resolver.

Si se adjudica la función de director pero nadie la desempeña, entonces todo el mundo hace lo que le apetece, es decir, algo distinto al resto. Es evidente que así no se puede perseguir un objetivo común. En cuanto algo sale mal, surge la pregunta: ¿Quién es el responsable? ¿Quién será el cabeza de turco? A más tardar habrá que tomar decisiones cuando el cliente esté al teléfono y "el jefe" nunca está presente.

Las personas que ocupan puestos directivos pero que no desempeñan sus funciones crean mucho malestar. Pueden ser tan perjudiciales para los empleados como los directores autoritarios. Por lo menos con estos últimos enseguida sabemos con quién estamos tratando, pero los directores que no dirigen e intentan comportarse como un compañero más hacen que sintamos mala conciencia. La negación del papel de director provoca rivalidades destructivas dentro del grupo, que es precisamente lo que debería evitar la dirección. En los conflictos, la dirección adopta una función moderadora neutral pero soberana. En este sentido hay que agradecer a veces la influencia directa de la dirección. Por ejemplo, es capaz de concluir discusiones interminables y poco efectivas "haciendo valer su autoridad", tras lo cual se reanuda el trabajo.

La dirección del equipo debería recordar a los miembros del mismo que todos dependen de todos. Gracias a una buena dirección los miembros del equipo comprenden claramente las funciones de cada cual; con frecuencia bastan unas pequeñas indicaciones desde arriba para evitar que se desencadenen los conflictos. Una tarea de este tipo exige algo totalmente distinto a las aptitudes gráficas, exige aptitud comunicativa, experiencia y también sosiego. De ahí que, por regla general, no sea una labor adecuada para los colaboradores más jóvenes (y precisamente en el ambiente de las agencias pervive aún esa sobrevaloración de la juventud... y no en favor de la productividad).

La dirección de un equipo que continuamente pretende acreditarse ante sus miembros o que incluso compite con ellos crea más problemas de los que resuelve.

Solemos percibir desde fuera el ambiente de trabajo que reina en un grupo. De ahí que no sea una ventaja que los clientes se conviertan en espectadores involuntarios de los conflictos internos del equipo. Al fin y al cabo, tampoco a nosotros nos gusta ir a comer a un restaurante en el que el jefe de sala increpa a sus subalternos delante de los comensales, o en el que nadie nos sirve porque nadie es responsable de hacerlo.

¿Deben tener afinidad los miembros de un equipo?

¿En qué planos deben entenderse las personas que trabajan en un equipo? Como el psicólogo social Wolfgang Scholl señala, la "afinidad" entre los miembros de un grupo es uno de los "determinantes indirectos" del trabajo en equipo. El que los miembros del equipo se entiendan y en qué planos lo hagan influye en el trabajo grupal y en la satisfacción que de él se obtiene. Y esa satisfacción influye en la disposición a cooperar y en la simpatía mutua, y, por todo ello, al final, también lo hace en el rendimiento y la efectividad del grupo.

En un primer momento podríamos observar si en el equipo existe afinidad *cognitiva*: esto se refiere a los conocimientos (profesionales) de los miembros y a sus puntos de vista. En lo relativo a sus capacidades y competencias, es esencial que el equipo esté compuesto por personas de niveles equivalentes. Esto no significa que todos tengan la misma formación o especialidad, en realidad eso sería desventajoso. Lo determinante es que los miembros del grupo sean de la misma categoría, pues todos contribuyen al rendimiento del grupo. Si en el equipo hay un ilustrador fantástico, entonces también tiene que haber un diseñador de la comunicación gráfica o un creador de la red de la misma categoría trabajando codo con codo para mantener el nivel del rendimiento del equipo.

Nivel de competencias

Si en este equipo hay individuos más flojos —en periodo de formación, en prácticas, novatos—, tienen que adoptar explícitamente un estatus especial como "aprendices". Es conveniente para evitar que disminuya la motivación. También una persona en periodo de aprendizaje puede destacar en el rendimiento del grupo cuando su trabajo se evalúa como el de alguien que está formándose (y también entre las personas en formación hay muchas diferencias de rendimiento). Desde una perspectiva interna queremos ser igual de buenos que todos los demás; sin embargo, esto no es una medida realista cuando las categorías son muy diversas.

Cuando se toma distancia suficiente, las posturas distintas en el seno del equipo no representan un gran problema, pero pueden originarse conflictos dependiendo del encargo. Esto enseguida se pone de manifiesto, por ejemplo, en un equipo que proyecta una campaña a favor o en contra de la energía atómica. La valoración de qué medios estilísticos se consideran infravalorados, banales o demasiado drásticos está vinculada a la opinión personal de cada uno de los miembros del equipo.

El hecho de que se produzca cierta tensión entre las distintas posturas puede ser muy productivo. La investigación sobre grupos señala incluso que el hecho de que todos los miembros se pongan de acuerdo enseguida puede llegar a ser un riesgo. Al formar un equipo deben reunirse personas con pareceres similares, pero no idénticos. Wolfgang Scholl escribe: "Cuando la afinidad es muy elevada, hay poco que aprender los unos de los otros y cuando la disimilitud es muy elevada apenas se llega al mutuo entendimiento".

Afines pero dispares

La afinidad *afectiva*, es decir, la cuestión de si los miembros del equipo simpatizan o no entre sí, tiene una dimensión totalmente distinta. De todas formas, al igual que las opiniones, también los sentimientos pueden transformarse, aunque, por supuesto, no de la noche a la mañana. Colaborar estrechamente con personas a las que —por las razones que sean— no podemos ver ni en pintura enturbia nuestro juicio. Nos sienta mal todo lo que procede de ellas y parece que siempre estemos esperando algo malo. Incluso si tenemos la intención de renunciar a nuestros prejuicios y mirarla desde otra perspectiva, no podemos cambiar de inmediato. Aunque siempre merece la pena intentarlo: si vivimos una buena experiencia, es posible invertir el sentimiento de rechazo. En este caso dependerá de si nuestra antipatía es fruto de una mala experiencia o ha aparecido de forma espontánea.

En el trabajo en equipo, quienes se caen bien y se aprecian trabajan mejor juntos y establecen antes una relación de confianza. Llegamos con más facilidad a un libre intercambio de pareceres cuando estamos entre personas a las que estimamos. Como Wolfgang Scholl indica: "Cuanto mayor sea la simpatía mutua, mayor será el incremento del conocimiento adquirible". Así, las relaciones personales surgen casi por sí mismas. ¿Quién no va a tomar una cerveza con un compañero de trabajo que le cae bien? Las relaciones personales ejercen efectos positivos en la efectividad del trabajo en equipo, simplemente porque la comunicación y, con ella, el flujo de información aumentan.

¿Cómo se desarrolla la cooperación?

El politólogo Robert Axelrod se planteó cuándo las personas cooperan entre sí o trabajan unas contra otras. Para ello se sirvió de un área de las matemáticas muy interesante, la teoría de juegos. Imagina esta situación: un compañero de trabajo y tú sois sospechosos de haber robado un ordenador de la agencia. Por ello te espera una pena de cinco años de prisión. El abogado os informa de que la pena se reducirá a cuatro años si ambos confesáis. Si tú y tu compañero calláis, pasaréis de todas formas dos años entre rejas.

En caso de que te hayan informado con precisión, lo más recomendable, al menos racionalmente, sería callar. Esto también lo sabe el fiscal, que os ofrece un trato: el que confiese y cargue con la culpa a su cómplice será libre, mientras que el culpable cumplirá una condena de cinco años. Si ambos confesáis, pasaréis cuatro años en la cárcel. Si ambos calláis, dos años cada uno. Si has entendido bien el "dilema del prisionero", ahora tienes que estar rompiéndote la cabeza. ¿Qué harías?

Los "jugadores" pueden elegir entre un sinnúmero de estrategias: pueden reaccionar egoístamente o sacrificarse, tomar decisiones irracionales o arriesgar su suerte; pueden seguir la ley del talión. Para averiguar qué estrategia es la que fomenta la cooperación, Axelrod creó un programa informático y celebró torneos de cooperación. En todos los casos resultó ganadora la misma estrategia: nunca seas el primero en delatar al otro, pero en el caso de que tu compañero de juego lo haga, hazlo tú también en contrapartida. Cooperarás siempre que lo haga tu compañero de juego. Tu rival advertirá que puede confiar en cooperar contigo, no temerá ningún ataque. Sin embargo, no te engañará porque sabe que en ese caso tú también dejarás de cooperar. Si tus socios saben que tú también puedes negarte a cooperar, no se harán falsas ilusiones.

El límite de la cooperación

Así, de este juego extraemos una conclusión opuesta a nuestra manera de entender lo cotidiano: pagar con la misma moneda puede incitar precisamente a la cooperación. Axelrod escribe que "así, esta regla obtiene un buen resultado fomentando los intereses recíprocos en lugar de aprovechar los puntos débiles". Las personas desprendidas, que siempre cooperan, independientemente del comportamiento de los demás, propician conflictos aunque crean que lo hacen todo por evitarlos.

La disponibilidad para cooperar aumenta cuando los actores saben que les espera un futuro juntos. Axelrod dice que habría que alargar las "sombras del futuro" cuando hay que realizar un trabajo en colaboración. En la cooperación es también relevante quién tiene un contrato temporal en el equipo y quién uno indefinido. Y, por supuesto, la tendencia a cooperar aumentará cuando crezca el incentivo: por ejemplo, cuando la dirección de la empresa la recompense de forma explícita.

Los jugadores recuerdan las buenas y malas experiencias de otros juegos y esto ejerce una influencia positiva en su predisposición a cooperar. Incluso quien ha tenido malas experiencias pedirá, en un nuevo contacto con estos jugadores, que se definan otras reglas. Así tiene capacidad para influir en las condiciones de partida y volver a aumentar la posibilidad de cooperación.

La cooperación estable depende de un contacto frecuente —del "conversar con otro"—. Somos más complacientes con personas a las que vemos cada día y con las que nos comunicamos más breve y frecuentemente. Las reuniones semanales del equipo, si son cortas y efectivas, aumentan el flujo de información y la predisposición a cooperar. La fuerza de unión social que produce el contacto cara a cara no se sustituye fácilmente con los medios digitales.

El contacto directo

Los modelos teóricos de juegos son matemáticamente exactos; no obstante, también son susceptibles a las críticas. Parten de la racionalidad de los actores, pero los seres humanos no siempre se comportan de modo racional. Aparece un peligro en las estrategias antes descritas cuando una parte abandona la cooperación y las dos partes siguen estrictamente las reglas: la no cooperación por ambas partes dura indefinidamente si ninguna de las partes es la primera en reiniciar la cooperación.

La escritora Juli Zeh, en su exitosa novela *Instinto de juego*, plasmó de manera radical los peligrosos aspectos negativos y los problemas morales de la teoría de juegos. La investigación descrita acerca del dilema del prisionero tan solo indica cómo estabilizar la cooperación. No se ocupa de los conflictos que surgen tras su ruptura. La teoría de juegos resulta limitada a la hora de resolver conflictos entre personas. Estos son más complicados, tienen dimensiones emocionales y morales: el que los torneos se practiquen entre ordenadores o entre seres humanos es lo que marca la diferencia. Sin contar con que ¡el trabajo de equipo no es un torneo!

Riesgos y efectos secundarios del trabajo en equipo

A posteriori siempre somos más prudentes, esto también lo saben los científicos. Esta opinión llevó al psicólogo social estadounidense Irving Janis, ya en la década de 1970, a investigar cómo se llega a tomar sistemáticamente decisiones erróneas. Estudió el desastre político de la era Kennedy y reconstruyó con todo detalle los procesos previos a la toma de decisiones y el modo en que transcurrieron las juntas. Las decisiones políticas —así como muchas otras— son decisiones en grupo.

Ya se sabía antes que las decisiones tomadas en grupo son distintas que las que se toman individualmente. La opinión sostenida por un grupo tiene más tendencia a radicalizarse durante el transcurso de una discusión que la de cada uno de sus componentes tomados individualmente. Se llega así a la llamada polarización del grupo. Lutz von Rosentstiel escribe que en los gremios responsables de la toma de decisiones erróneas "reinaba con frecuencia un ambiente caldeado". En la dinámica de grupo se produce una peligrosa evolución: "Había un marcado sentimiento de tener que mantener la cohesión; las personas que defendían opiniones discrepantes eran sancionadas y llamadas a la lealtad".

Los grupos bajo presión corren el peligro de desembocar en un pensamiento grupal. Este se caracteriza por la aparición de la "ilusión de invulnerabilidad", en el grupo domina un optimismo totalmente falto de sentido de la realidad, que se ve velado por falsos argumentos o por una "justificación moral" de la acción conjunta, como escribe

Presión grupal

Lutz von Rosenstiel. Aunque todo el mundo es consciente de que en otras circunstancias no se admitiría un proceder determinado, el grupo acuerda, no obstante, que ahora sí está permitido.

En cuanto uno de los componentes pone en cuestión este cambio de rumbo, siente la presión del resto. Puede llegar incluso a ser expulsado del grupo: los "enemigos internos" se toleran tan poco como los externos. Los miembros del grupo sobrevaloran de este modo la "unanimidad del propio grupo". Se ignora a los críticos independientes o se los califica de enemigos, los "autoerigidos en guardianes mentales protegen al grupo de las informaciones incómodas que puedan penetrar desde el exterior".

Los psicólogos parten de la idea de que saber de antemano qué es el "pensamiento grupal" ayuda a evitar la toma de decisiones erróneas. Es igual que al bucear: uno se observa a sí mismo y a los demás, y al primer signo de narcosis de nitrógeno reacciona. Para actuar de este modo, debe uno estar informado de cuáles son exactamente los síntomas de la llamada "borrachera de las profundidades".

Quien en un grupo expresa que cree que se está sucumbiendo a un progresivo fenómeno de "pensamiento grupal" encuentra menor oposición cuando todos saben de qué se trata. De este modo resulta factible estimular a los integrantes del grupo para que expresen sus dudas y críticas. No obstante, cuando todos están de acuerdo, los psicólogos recomiendan que uno de los miembros asuma el papel de abogado del diablo, que representará en general posibles opiniones contrarias.

Prevenir la uniformidad del pensamiento grupal

Para favorecer la diferencia de perspectivas deberían incluirse de forma esporádica personas externas. Precisamente en los proyectos más largos suele ser saludable tener una visión externa. En los equipos más grandes es viable formar subgrupos que elaboren sugerencias en torno a un problema, de este modo suelen surgir soluciones distintas. Para reducir la presión de la conformidad no deberían intervenir superiores con opiniones propias.

En ningún otro sector se trabaja tanto en soledad como en el diseño gráfico. Esto no se debe exclusivamente al ejercicio solitario de la creatividad. Los estudios pequeños y los muchos autónomos no son la excepción, sino la regla. Por añadidura, la comunicación digital nos libera hoy en día de la obligación de tener un lugar de trabajo fijo. Podemos trabajar en un despacho (propio), en un hotel o en casa: un ordenador con acceso a la red, un *software* normal y tranquilidad son las únicas condiciones básicas.

A menudo las imágenes de los anuncios publicitarios muestran a jóvenes con ropa moderna, sentados con un portátil en un bar de moda haciendo como si trabajaran. En algunos cafés de las grandes ciudades, llevar el portátil incluso queda bien. Uno casi da la impresión de ser un vago cuando está "simplemente" sentado delante del café con leche. También los vagones del tren de alta velocidad se han convertido en despachos móviles. Tal libertad en el mundo laboral era totalmente inconcebible hace apenas treinta años: se trabajaba en el despacho. Cuando uno se marchaba de allí, disfrutaba de su tiempo libre.

A muchas personas la situación actual les hubiera parecido un sueño surrealista, una utopía de la libertad. Hoy en día, ese sueño se ha cumplido, al menos para muchos diseñadores. No obstante, de modo imperceptible, el "teletrabajo", como muchos psicólogos laborales denominan a este fenómeno, también puede convertirse en una pesadilla. Desde la guardería hasta los estudios de formación profesional, la experiencia nos lleva a creer que el trabajo está unido a un sitio determinado, a una tarea clara y un periodo de tiempo fijo. Hasta el final de nuestros estudios trabajamos en unos marcos estrictamente *predeterminados*. Estas experiencias nos marcan y nos preparan mal para el nuevo mundo laboral. El teletrabajo en casa conlleva muchas *libertades incómodas* que nunca hemos aprendido a gestionar.

Teletrabajo: ventajas y peligros

Solo cuenta el resultado

Con el reloj de fichar del despacho tradicional había un control directo de comportamiento de los trabajadores: se amonestaba a quien llegaba demasiado tarde y durante las horas de trabajo no se resolvían asuntos privados. Hoy en día esto parece rígido, pero se olvida la otra parte de esa cultura laboral regulada: quien hacía demasiadas horas extra, evitaba los descansos y no se tomaba vacaciones también tenía problemas. El jefe y los compañeros de trabajo no solo veían el resultado del trabajo, sino que eran observadores privilegiados del proceso laboral. Nadie tenía que andar dándole vueltas a si había trabajado demasiado rápido o demasiado lento, ya se lo daban a entender a tiempo.

El compañerismo garantizaba una forma de apoyo mutuo y diversos procesos sociales de aprendizaje. Quien estaba enfermo tenía que presentar un certificado médico, lo que le forzaba a ir al especialista. Por supuesto, seguía cobrando su sueldo. En esta forma de capitalismo el mundo laboral se caracterizaba por que compensaba obligaciones y derechos. Esta cultura del trabajo se sostuvo al menos mientras el socialismo representaba un sistema alternativo y el capitalismo tenía que esforzarse por crear un estado del bienestar.

En la actualidad, y precisamente en los sectores jóvenes y sin tradición sindical, estas reglas y obligaciones han dejado de aplicarse, lo que nos aboca a un terreno lleno de dificultades. El cliente suele realizar únicamente un "control de resultados", como afirma el psicólogo laboral Martin Stengel. El que uno trabaje enfermo o sano, de día o de noche, en la piscina o en casa no es objeto de discusión.

Suele darse por sentado que la disponibilidad es total, incluso fuera de las horas laborales centrales. Tu propia cultura laboral (o la falta de ella) no interesa en absoluto al cliente, que no quiere que le incomoden con esos asuntos. Él hace un encargo y espera el resultado, el resto no es su problema.

La relación laboral por resultados

Desventajas del teletrabajo

Quien trabaja en casa tiene que conciliar sus espacios privados con las exigencias del trabajo. Por supuesto, este proceso es distinto del que vives cuando trabajas en una agencia: allí se aplican las regulaciones de los derechos laborales y unos modelos ergonómicos determinados. A ellos deben responder al menos el escritorio, el monitor, la silla de despacho y las condiciones de iluminación y sonido. Las condiciones necesarias para crear un ambiente saludable son pertinentes también para el teletrabajo. Sin embargo, la protección jurídica de la esfera privada, que, claro está, ningún jefe puede controlar, va en contra de los intereses de la empresa.

El teletrabajo también nos permite la "libertad" de instalar nuestra oficina en casa extremadamente mal. Para empezar, es tu propio dinero el que tienes que invertir. ¿Es la casa lo suficientemente grande para convertir una habitación en despacho? Las pantallas de los ordenadores son caras y lo más probable es que tengas que optar por una más pequeña y barata que las de la agencia. ¿Qué cantidad puedes invertir en realidad? Muchos renuncian a una silla de despacho ergonómica porque prefieren ahorrar el dinero para las vacaciones o simplemente porque queda fea en la sala de estar. Y muchos carecen de los conocimientos técnicos necesarios para crear las condiciones de luz que requiere un trabajo con ordenadores. La iluminación ideal para trabajar no se corresponde con la luz ambiental ideal para pasar la tarde en el sofá. Así pues, el teletrabajo desplaza la carga financiera hacia el empleado. Quien encarga un trabajo no es responsable de que la oficina en casa no cumpla ni siquiera los niveles ergonómicos mínimos. Es únicamente el trabajador el que sufre las consecuencias que ello acarree para la salud.

Tener el despacho en casa no te dicta cuándo tienes que empezar a trabajar. Las horas de trabajo, que en otras circunstancias vienen dadas, se transforman en algo que debes decidir tú mismo. Y esta incómoda cuestión se te planteará cada día. La organización temporal del trabajo desaparece en el teletrabajo. En el peor de los casos no se trata solo de una cuestión organizativa, sino que además crea mala conciencia. Es probable que tu entorno empiece a comportarse de forma extraña. Tus padres aparecen de repente en tu casa. Como están jubilados, tienen tiempo y dan por supuesto que tú "ahora siempre estás en casa". ¡Algo de tiempo tendrás para tomar un café! Los amigos que son estudiantes, profesores, jubilados, amas/amos de casa, funcionarios, o que están en periodo de vacaciones nunca nos llamarían a la oficina para preguntarnos si queremos ir a la piscina; sin embargo, sí nos llaman "a casa". La mayoría de las veces, el entorno interpretará tu libertad horaria como si se tratara de "tiempo libre". Sin embargo, como en realidad tienes menos tiempo libre, tu círculo te provoca continuas reacciones defensivas. Es precisamente a los trabajadores por cuenta ajena de tu entorno a quienes les resulta más difícil entender que, aunque estás en casa, como mínimo durante ocho de esas horas estás trabajando.

Organización temporal en el teletrabajo

Entre las consecuencias del teletrabajo, además de los desafíos profesionales, se cuentan los potenciales conflictos en el entorno privado. Esto atañe, claro está, a parejas y a los compañeros de piso. Un buen número de investigaciones, similares a las desarrolladas por el psicólogo económico Michael Treier, desmienten incluso "el mito de la mayor conciliación entre vida laboral y familiar". En lugar de la teórica mayor libertad de la que disfrutan las mujeres con hijos gracias al teletrabajo, las investigaciones muestran una "consolidación de los papeles tradicionales de género". Quien se queda en casa se siente responsable porque lo tiene todo delante: la lavadora, la basura, la nevera vacía... y, cuando la guardería está cerrada, también a los niños.

El tamaño de la casa de un mortal normal es limitado. Instalar allí un despacho puede llevar a una batalla por el reparto del territorio: es posible que los demás tengan que renunciar a una habitación. Lo ideal es que la oficina en casa disponga de un espacio que se pueda aislar, no debería ser una habitación de paso. Pero cuanto mejor selecciones y equipes tu despacho ideal —ten en cuenta que tal vez pases en él más de ocho horas diarias—, más sufrirá tu vivienda privada. Si se pierde una habitación, absorbida por el mundo laboral, la casa a la fuerza se reduce. Tal vez a ti te parezca bien, pero quizá los demás no lo acepten sin poner resistencia. Necesitas la habitación que tiene las conexiones telefónicas, y si están ahí también las del televisor, quizá surjan desavenencias. Así pues, es muy posible que el teletrabajo en casa provoque conflictos relacionales porque las cuestiones del trabajo invaden la esfera privada.

Quien trabaja en casa pasa mucho tiempo entre cuatro paredes. En periodos de trabajo intenso apenas abandona el despacho doméstico. Martin Stengel denomina "el retiro electrónico" a esta forma de trabajo. Tras largo tiempo en esa "prisión", las personas se sienten como en una celda de aislamiento. Las llamadas telefónicas y los correos electrónicos no son sustitutivos del contacto con compañeros de trabajo, clientes o amigos. El trayecto de la cama al despacho es demasiado corto, nos perdemos algo. *El camino hasta el trabajo nos sirve psicológicamente como esclusa entre la vida privada y la laboral. Cambiamos de papel.* Para salir de casa solemos ponernos una ropa distinta que para estar en casa, con la que nos sentimos más seguros y confiados. El movimiento físico activa la circulación sanguínea. En la calle y en los transportes públicos nos cruzamos con otras personas.

El desplazamiento hacia el lugar de trabajo

Aunque muchos se quejen del trayecto al trabajo, este contiene muchas "posibilidades de estímulo y de aprendizaje", como señala el psicólogo laboral Eberhard Ulich. En el camino, recibimos mucho más de lo esperado, sentimos qué tiempo hace y el pulso de la ciudad y hasta es posible que atrapemos una sonrisa. Incluso las experiencias algo incómodas son impresiones que al final forman parte de nuestro día y que enriquecen nuestra experiencia. Observamos que muchos directivos que viven exclusivamente en limusinas climatizadas privadas, opulentos despachos, hoteles de lujo y viajan en clase preferente carecen de experiencia mundana. Tal vez les bastase con viajar durante un mes en transportes públicos o ir en bicicleta al despacho para hacerse una impresión del mundo real existente. Quien no sale de casa se cansa más. Esto se debe a que la potencia de la luz en una habitación bien iluminada no tiene la intensidad suficiente como para hacer que nuestro reloj interno, todavía somnoliento, cambie al modo "día". En esas situaciones, "al reloj fisiológico le falta lo que los cronobiólogos llaman marcador de tiempo: una señal orientativa eficaz", escribe el periodista científico Peter Spork en su *Schlafbuch* ["Libro del sueño"]. Incluso en los días nublados, la potencia de la luz en el exterior es mayor. Hasta caminar bajo la lluvia rumbo a la estación cumple una función.

Quienes trabajan en casa pueden resolver este problema recurriendo a un simple ardid: vístete por la mañana para salir y, después de desayunar, da un pequeño rodeo para llegar de nuevo al despacho, da una vuelta a la manzana para ir a trabajar. Sal de casa y entra en tu despacho veinte minutos más tarde. Con este ritual obtendrás luz, movimiento y tiempo para dar inicio a la jornada laboral. De este modo trazas una útil frontera psicológica entre el tiempo privado y el laboral. Haz lo mismo por la tarde. Que no te detenga la lluvia, ningún jefe admitiría tal excusa. Imagínate que tienes un perro. Otra posibilidad para autoactivarse consiste en concertar citas intempestivas. A diferencia de lo que sucede en una agencia, en la oficina instalada en casa no puedes esperar que te distraigan. Tienes que ser activo. Reúnete con otras personas para disfrutar juntos de una hora de descanso al mediodía. Antes de ponerte a trabajar ve con alguien a nadar o a dar un paseo en bicicleta. Y aunque sea el trayecto al supermercado: una vez al día es necesario cambiar de ambiente.

La demarcación psicológica del espacio laboral

¿Falta de autodisciplina?

Uno de los riesgos que se le pueden presentar a un teletrabajador que todavía no haya tenido ninguna experiencia laboral como trabajador por cuenta ajena es la falta de autodisciplina. Durante los estudios normalmente disponemos de ayuda financiera, ya sea por parte de los padres, el estado o un préstamo para estudiantes. La carrera es, pues, un espacio protegido desde el punto de vista tanto financiero como social. Si bien hacer una carrera requiere trabajar duro, en general esto no se hace de forma continuada y durante fases largas. El trabajo y el tiempo libre no están claramente separados, porque el estatus de estudiante no está asignado con claridad ni a un polo ni a otro. La estructura rutinaria de los cursos de una academia de formación profesional exige mucha capacidad de adaptación, pero poca creatividad en el plano de la autoorganización.

Comportamientos como incumplir los horarios, empezar demasiado tarde a trabajar y la falta de puntualidad son el problema de muchos estudiantes. Por norma general, esta errónea conducta no tiene consecuencias serias, salvo la amenaza de suspender algunos exámenes. Sin embargo, quien como trabajador autónomo traslada estas malas costumbres a la auténtica vida laboral se encuentra con complicaciones. Un examen malogrado tiene "solo" consecuencias para uno mismo, pero una cita incumplida con la imprenta o una errata pueden tener repercusiones financieras e incluso jurídicas. En estos casos, perder clientes sería simplemente el menor de los problemas.

Si uno piensa en ganarse la vida como autónomo, puede ser un gran riesgo pasar enseguida de los estudios al teletrabajo en casa. Al terminar los estudios, uno suele ser un principiante que primero ha de adquirir más conocimiento práctico y reunir experiencias. A esto se suman los numerosos riesgos sociales y los desafíos del teletrabajo. Muchos autónomos de éxito han acumulado experiencia y contactos trabajando varios años como empleados. De este modo, la cuestión de la autodisciplina se resuelve por sí misma. Quien durante de la carrera ya ha trabajado como becario en formación está en clara ventaja.

Adquirir cultura laboral

Mal humor

Trabajar durante mucho tiempo solo influye sobre nuestros estados anímicos, en especial, desafortunadamente, sobre los malos, que no pueden descargarse ni en los compañeros ni tampoco disiparse. Con frecuencia lo que nos agria el carácter son acontecimientos triviales y, en contacto con los demás, podemos olvidarnos del desencadenante. Hay personas que tienen una tendencia natural a rumiar sin cesar pensamientos negativos; esta actitud no deja de tener consecuencias.

En su obra *El arte de amargarse la vida*, el psicólogo Paul Watzlawick propone un experimento: sentarnos en calma en un sillón e imaginar que padecemos una enfermedad mortal incurable. Funciona: unos minutos después empezamos a descubrir cosas raras, un tirón o un escozor, una manchita que todavía no habíamos visto o un ligero dolor de cabeza. ¡Ahí están los primeros síntomas! Imagínate en qué estado te encontrarás si esto lo prolongas durante una hora. Para realizar estos ejercicios hay que estar solo, porque las fantasías desagradables no superan la prueba de la realidad a través de otros. Sin posibilidad de relativizar ni de distraer la mente, este humor oscuro puede terminar prolongándose durante toda la jornada.

Los demás no solo son útiles en la evolución de los estados de ánimo, sino también en situaciones de estrés. Sin ellos carecemos de apoyo social: no hay nadie ahí para echarnos una mano enseguida. Crearse una red de apoyo también es parte necesaria del trabajo en solitario. Puede estar construida por colaboradores, otros autónomos o amigos y tiene que cumplir las funciones y suponer el cuidado que como trabajador por cuenta ajena encuentras predeterminado por la estructura del lugar de trabajo. Los contactos entre los autónomos y sus clientes suelen ser más estrechos y de mayor confianza; los últimos valoran precisamente el hecho de tener un interlocutor complaciente. A partir de ahí pueden desarrollarse cooperaciones estables. De todos modos, si relación se confunde con una relación de amistad, pueden surgir peligros laborales. Quien alguna vez ha trabajado "gratis" en un encargo para amigos o parientes ya sabe lo que significa la osadía de las demandas inesperadas. Una "pequeña ayuda" se convierte de repente en toda una revista de cuarenta páginas para documentar una boda…

Construir una red de apoyo

Ventajas del teletrabajo

Pero esta libertad no es solo una carga. Como teletrabajador quizás no puedas disponer de tu tiempo con absoluta libertad, pero tu margen será mucho más amplio que si trabajas en un agencia. Tú decides si quieres desconectar el teléfono, y por cuánto tiempo, para trabajar con tranquilidad. Eres tú mismo, y no un jefe, quien decide si quieres empezar a las siete, a las nueve o a las once. Si saliste por la noche, empieza a las nueve; si quieres practicar un deporte por la mañana temprano, también podrás encajar esta actividad en tu horario. Si llueve o nieva, trabajas durante más tiempo; si brilla el sol, sales a pasear en bicicleta.

Hay días en los que los clientes te exigen más, pero cuando hay breves espacios sin encargos puedes tomarte unas vacaciones. Al principio, a muchos les resulta difícil permitirse unas vacaciones, pero uno también se acostumbra a concederse libertades. Esta soberanía sobre la organización del tiempo que ofrece el teletrabajo aumenta la motivación. Al trabajar en casa, como no hay que desplazarse para llegar al trabajo, se ahorra tiempo, dinero y nervios. Tú determinas cuánto tiempo dura el paseo activador alrededor de la manzana; quedarse parado en un atasco en la autovía durante tres horas, los trenes con retraso o llenos a reventar o tener que cruzar toda la ciudad con lluvia y un frío de muerte puede ser un gran incordio. Ahorras gastos porque no necesitas vestir cada día una "ropa de trabajo" impecable. Un solo traje o un vestido basta para las citas con los clientes, tu armario no tiene que convertirse en un arsenal de ropa de negocios diaria.

> Soberanía sobre la organización del tiempo

Puesto que las expectativas que se han depositado en tu trabajo afectan fundamentalmente al resultado, el camino que sigas para alcanzarlo será solo asunto tuyo. Nadie vigila la manera en que generas tus ideas y las haces realidad y tampoco tendrás que escuchar comentarios sobre tu cultura individual de trabajo. Esto anima a probar métodos no convencionales. Como teletrabajador podrás desarrollar tus propias costumbres. Tras varios años de experiencia no querrás prescindir de tu *gran autonomía* de trabajo. Como individuo podrás identificar sin vacilación quién es el responsable de cada uno de los triunfos y fracasos: ¡Tú! Y habrás triunfado cada día que logres sobrevivir como autónomo en un mercado tan competitivo.

Familia, profesión y teletrabajo en casa

Si bien es cierto que algunas expectativas al respecto pueden llegar a ser algo excesivas, el teletrabajo en casa brinda unas buenas oportunidades para conciliar vida y trabajo. Lamentablemente, para las mujeres esto aún se traduce a menudo en una exigencia excesiva. Los sociólogos Sonja Hornberger y Jürgen Weisheit han descrito los riesgos y oportunidades del teletrabajo en casa. Por un lado, la *distribución de tiempo de forma autónoma* deja márgenes de libertad para coordinar el trabajo y las tareas domésticas. Por otro, está el riesgo de las horas extra encubiertas y de desarrollar un horario laboral en general demasiado largo. A las seis de la mañana, a veces los niños ya están cantando a voz en grito en la cama, lo que reduce el tiempo de sueño de los padres. Quien se pone a trabajar en casa por la noche, cuando los niños vuelven a estar dormidos, lleva ya mucho tiempo en pie.

Pero a pesar de todo, como afirman los autores, el teletrabajo facilita una "organización del tiempo y del lugar de trabajo en función de las distintas fases de la vida".

Adaptabilidad del teletrabajo

La vida con hijos de dos o de doce años requiere una articulación distinta entre las esferas del trabajo remunerado y la labor educativa, y el teletrabajo es susceptible de ajustarse a estas necesidades diversas. No obstante, en la disolución creciente de los límites entre el trabajo y la esfera privada acecha un peligro. El tiempo puede ser o bien tiempo para trabajar o bien tiempo para los niños, pero no ambas cosas a la vez y la multitarea no es una buena solución.

Lo que sí es una ventaja es que quienes trabajan en casa están presentes para ocuparse de los niños. Después de la guardería o de la escuela, la madre o el padre están en casa porque es ahí donde tienen su despacho. Esto puede mejorar la relación paternofilial, aunque solo sea por la presencia y la negociación conjunta de los límites entre el tiempo que se dedica al trabajo y el que se dedica a la vida privada. Desde el punto de vista infantil, lo que el trabajo significa generalmente es solo que sus padres están "fuera" de casa. La actividad concreta que hacen mamá o papá puede resultar tremendamente interesante para los niños, incluso tal vez motivador.

Sin embargo, Sonja Hornberger y Jürgen Weisheit observan riesgos cuando estos procesos de negociación fracasan. Los niños no deben llegar en ningún caso a tener miedo de esa habitación de la casa que sus padres llaman "despacho", ni sentir que molestan. El que para la familia predominen las ventajas o los riesgos del teletrabajo depende mucho de cómo se integre en la esfera privada. Si aprovechas las oportunidades sin olvidar los riesgos, saldrás ganando con esta forma de trabajo. Considera el experimento como un proyecto provocador e interesante al que puede ponerse fin si lo que predominan son las desventajas.

Teletrabajo y familia

Debes estipular el modo en que se distribuyen las ventajas y desventajas en una relación. En un "sistema familiar", la libertad, el reconocimiento, la responsabilidad y los ingresos deberían repartirse hoy de forma distinta de hace cincuenta años. Ya han pasado los tiempos de las ventajas unilaterales para un esposo que era el único que ganaba dinero y se promocionaba socialmente a costa de la "madre-esposa ama de casa". Y aun si se obviara la cuestión de la emancipación femenina, salvo en las clases muy altas un solo sueldo ya no es suficiente para cubrir las necesidades básicas de una familia. Aun así es frecuente que las actitudes y valores (de los hombres y los suegros) todavía tengan que amoldarse a esta dura realidad económica.

Teletrabajo colectivo o *coworking*

Rochuspark es un espacio de *coworking* en Viena. Allí se aprovechan las ventajas del teletrabajo y se evitan sus desventajas. El centro ofrece a los "autónomos, emprendedores y artistas un espacio tanto físico como social. Un lugar de trabajo, inspiración, aprendizaje, reunión, de posibilidades...". Tanto trabajadores individuales como pequeñas compañías de profesionales creativos instalan allí sus despachos y evitan que "se les caiga la casa encima". Hace tiempo que los psicólogos laborales están investigando, alabando y fomentando este tipo de proyectos innovadores de *teletrabajo colectivo*. Con este sistema sobre todo se "evita el aislamiento social del teletrabajo doméstico", como señalan los psicólogos laborales André Büssing y Sandra Aumann.

Para trabajar de forma creativa es necesaria cierta *soledad entendida de manera positiva*, pero en ningún caso un aislamiento paralizante. Saber que hay personas cerca, encontrarlas en el descanso, "verlas" al menos y reunirse con ellas de vez en cuando forma parte de la vida laboral fructífera. Las formas de vida en soledad extrema siempre tienen un fondo espiritual y religioso. Ningún diseñador se retira cuarenta días al desierto para trabajar. Para aprovechar y seguir desarrollando las propias *competencias sociales*, el teletrabajo colectivo ofrece unas condiciones ideales.

En las "comunidades de trabajo" individuales como la de Rochuspark hay vecinos de despacho, áreas colectivas y normas negociables. Pero no hay superiores con autoridad para definir estas reglas. Todos los que allí trabajan siguen unas reglas comunes. En las comunidades de trabajo las "charlas en los pasillos" son una fuente de conocimiento importante; los psicólogos las califican de "informaciones informales". No son solo los medios de comunicación los que nos dan información. En las conversaciones, por ejemplo al reunirse con otras personas en la comida de mediodía, no solo podemos conocer a gente de otros ámbitos profesionales, sino que nos enteramos de cómo resuelven sus problemas y recibimos recomendaciones de películas que les gustan o sitios de Internet que les resultan útiles.

Redes de información

El contacto personal pone a nuestra disposición el conocimiento, la experiencia y la red de nuestro interlocutor: es un potencial increíble. Ya estés buscando un contacto en las agencias de Londres, una nueva vivienda o una bonita tienda de segunda mano... si al mediodía te reúnes con otra gente, siempre habrá alguien que tenga algo que decir sobre el tema que te interesa. También el intercambio de malas experiencias protege de errores futuros.

El potencial de los locales comunes de creativos que trabajan en distintos sectores y especialidades es insuperable. A los que trabajan allí les une su condición común de "emprendedores", por lo que se comparten las desventajas y preocupaciones de esta forma de trabajo. Pueden intercambiar soluciones a problemas comunes, aprender unos de otros y darse cuenta de que no son los únicos que pasan noches en blanco. Para los principiantes inquietos, la experiencia de los "viejos zorros" tendrá una influencia tranquilizadora. En este tipo de comunidades creativas de trabajo es recomendable la mezcla de generaciones. Las diferencias suelen ser productivas. La edad, el género, el origen, la experiencia, el conocimiento o la orientación profesional varían.

Ventajas del *coworking*

André Büssing y Sandra Aumann recomiendan seguir manteniendo "los límites (simbólicos) entre trabajo y ocio". Tener un despacho externo individual también ofrece este tipo de ventajas, pero las comunidades de despachos suelen ser más baratas y siempre son más sociables.

La compatibilidad entre la familia y el teletrabajo colectivo se mantiene cuando las comunidades de trabajo no están muy lejos del lugar de residencia. Es posible incluso plantearse montar una guardería si varios de los compañeros tienen niños que atender: ¿por qué no contratar entre todos una cuidadora y alquilar una habitación con ese fin? Lo que algunos empresarios innovadores han hecho respecto a las guarderías internas (por ejemplo, Haribo o algunas universidades) también puede reproducirse fácilmente en las comunidades de teletrabajo colectivo. E incluso pueden, a diferencia de empresas más grandes, concebir la guardería a la medida de sus necesidades particulares. Incluso es imaginable que algunos clientes puedan llevar allí a sus propios hijos durante las visitas: a fin de cuentas, Ikea no tienen la patente exclusiva de su exitoso modelo de guardería infantil. De este modo, cada autónomo integrado en estas comunidades de trabajo obtiene ventajas frente a la competencia.

El teletrabajo colectivo es más económico y más ecológico. Los primeros padres del teletrabajo en casa tenían en mente la protección del medio ambiente: al eliminarse los desplazamientos laborales se reduce el volumen de tráfico. También, como afirman Büssing y Aumann, en estas comunidades de teletrabajadores la "infraestructura tecnológica, equipamiento y estructura del lugar de trabajo son, por regla general, superiores, permiten y favorecen tareas laborales exigentes y complejas". Las salas de reuniones, las cocinas de oficina y guarderías son comunes y por ello más baratas para cada individuo.

Mejores infraestructuras y equipamiento

La psicología del autónomo

Toda persona que se establezca como trabajador autónomo necesitará ayuda. Aunque los trabajadores *freelance* trabajan por cuenta propia, con frecuencia solos y en casa, siguen estando integrados en una sociedad. Como escribe el psicólogo laboral Günter F. Müller: "la observación de la experiencia de trabajadores autónomos que han logrado el éxito profesional nos permite apreciar que las iniciativas emprendedoras de mayor éxito han contado siempre con la implicación de familiares, modelos, compañeros de las redes sociales y otras personas de referencia del ámbito laboral y extralaboral". Las personas de nuestro entorno, con sus puntos fuertes, competencias y también sus miedos, son un componente sólido de nuestra propia identidad.

Las experiencias que vivimos durante nuestra infancia determinan nuestra vida. No obran como predestinaciones, pero sí fijan un origen, un punto de partida. En el ámbito de la autonomía laboral, también el origen desempeña un papel relevante. Quien procede de una familia que realiza un trabajo por cuenta propia desde hace generaciones ya lleva consigo —de forma consciente o inconsciente— mucho conocimiento previo sobre ese modo de trabajo.

El mero hecho de evaluar positiva o negativamente esas experiencias influirá en nuestra consideración sobre cómo queremos trabajar. Un autónomo de éxito no desaconsejará a sus hijos que elijan esta forma de trabajo, podrá advertirles de los riesgos que corren y hablarles de sus propios errores, pero seguro que se muestra alentador si ellos deciden seguir este camino. Sin embargo, es probable que si los padres pertenecen a un medio de empleados pequeño burgueses la reacción sea distinta. Seguridad financiera, un empleo fijo o un puesto de funcionario, una separación clara entre tiempo de trabajo y tiempo libre, horas extra y vacaciones pagadas, un número garantizado de días de vacaciones no son ni mejores ni peores que el trabajo autónomo; son simplemente *distintos*. Y los familiares y amigos cuya vida laboral responde a esta experiencia suelen emitir un juicio distinto. Es probable que señalen en primer término los riesgos y desventajas, que se preocupen y que no deseen para sus hijos el tipo de existencia, más insegura, del autónomo. Incluso si aconsejan y animan, lo harán sin tener experiencia en este campo.

Siempre es una buena condición previa que nos alienten, necesitamos rodearnos de más personas que nos den valor y de pocas que nos quieran frenar. Antes de dejar que la intolerancia, la crítica y las dudas ajenas te afecten, piensa primero a partir de qué experiencias se está pronunciando quien te habla. En conjunto, es viable partir de la idea de que las personas que cuentan con el apoyo intelectual, social y financiero de los padres lo tienen más fácil, pero esto no garantiza que vayan a salir airosos en su situación de autónomos. Quien no cuente con el estímulo de sus amigos o de su familia puede buscar otros mentores y modelos.

Rodearse de personas alentadoras

Las *redes sociales* son determinantes, aumentan considerablemente las posibilidades de éxito en las profesiones liberales. Pueden ser totalmente independientes de la familia y estar formadas por antiguos compañeros de trabajo, amigos, socios, clientes, compañeros de asociaciones, maestros o profesores que tal vez sean estupendos promotores, consejeros y asistentes. Somos precisamente nosotros mismos los que tejemos nuestras redes extrafamiliares, y lo decisivo de ellas es lo resistentes que sean y no su origen.

Günter F. Müller describe además algunos rasgos personales útiles para triunfar como profesional autónomo. Una cuestión fundamental es la de si se ha aprendido a *soportar la incertidumbre*. Quien trabaja como autónomo en el ámbito creativo duda sistemáticamente de sí mismo, de su producto y sus oportunidades en el mercado. Los autónomos soportan a solas esa incertidumbre, carecen de compañeros de trabajo y superiores en quienes volcarla. Vivir sin chivos expiatorios es más duro, pero más gratificante. Los psicólogos llaman "tolerancia a la ambigüedad" a esta capacidad para soportar tensiones internas y externas sin desesperar. Al principio el autónomo solo lo percibe en el nivel financiero: los ingresosen su cuenta siguen un flujo irregular, pero él paga el alquiler de forma regular. Cuando de pronto recibes un gran ingreso, sigues ignorando cuánto te pertenece realmente, pues aún tiene que intervenir Hacienda. Así que nunca sabes realmente de cuánto dinero dispones: los números que aparecen en el extracto de tu cuenta son relativos. Si el estado de tu cuenta fuera al mismo tiempo el barómetro de tu estado anímico, vivirías con un miedo permanente.

Tolerancia a la incertidumbre

Que este año tu agenda de encargos esté repleta no significa que el año próximo vaya a suceder lo mismo. Ni siquiera puedes tener la certeza de cuándo llegarán exactamente los encargos que los clientes han confirmado. Esto no es motivo de espanto, en general tendemos a idealizar la seguridad de la situación de quien trabaja por cuenta ajena. Las empresas quiebran, se venden, eliminan puestos de trabajo… y un contrato indefinido también se puede rescindir. Para muchas personas la incertidumbre de trabajar como autónomo es peor que la que supone la enorme deuda que se contrae en la hipoteca de una vivienda. Y además el pago de los plazos parece hacerles confiar, también psicológicamente, en cierta estabilidad aunque el proceso dure treinta años. En realidad, una hipoteca es una carga mucho más pesada, pero nuestra percepción no nos permite verlo de este modo. La autonomía profesional es como un recorrido y no es una casualidad que *Parcours* ["Recorrido"] sea el título de un libro de Sophia Muckle que ofrece valiosos consejos para recorrer el camino hacia la independencia, métodos para adquirir clientes, cálculo y cuestiones legales y tributarias.

Hay dos atributos propios de la personalidad emprendedora: *la capacidad de imponerse y la capacidad de adaptarse*. Un autónomo debe imponerse sobre la competencia, las adversidades y el escepticismo, y ha de adaptarse a las condiciones marco, los cambios del mercado o la evolución de la técnica. Lo primero requiere fuerza y autoestima; lo segundo una intensa capacidad de observación, en el mejor de los casos, y habilidad para hacer pronósticos.

Un gran peligro de trabajar como autónomo es la sobrevaloración de uno mismo. Las personas con una fuerte autoestima pierden de vez en cuando el sano juicio. Alguno cree que después del primer pequeño encargo que ha llevado a buen puerto tiene ante sí todo un imperio y se hace pintar un retrato al óleo. Günter F. Müller considera que una "percepción de la realidad que deforma los hechos" es causa frecuente del fracaso del trabajo como autónomo. El reto está precisamente en confiar en uno mismo, ser valiente y a la vez realista, escéptico y autocrítico. Antes de "despedir" a quien nos encarga un trabajo, hay que reflexionar y plantearse quién vive de quién. En este caso aquellos antecedentes familiares que pudieron ser una ventaja al empezar podrían convertirse en un peligro. Si los padres de quien se aventura como profesional autónomo han llegado a erigir una agencia de éxito y reconocida en el sector, para el hijo, como heredero y director de la empresa en la segunda generación, el fenómeno psicológico de la *despreocupación aprendida* puede suponer una peligrosa amenaza.

Seguridad y autocrítica

Tácitamente, este considerará que el éxito de la agencia es algo tan natural como la existencia de sus padres y que, en realidad, a una agencia con ese nombre, esos contactos, etc., no puede pasarle nunca nada malo. Si sus padres estuvieron en el lado de los vencedores, ¿en qué otro sitio iba a estar él, siendo hijo suyo? Pero esta visión tiene poco que ver con la realidad. El mercado no tiene memoria, ni los contactos ni los socios de sus padres son los suyos, los tiempos cambian, los procesos y las coyunturas del mercado son rápidos, complejos y cambiantes. Cuanto mayores sean las alabanzas acerca de las bondades de la autonomía que se hayan recibido por anticipado, mayores serán la despreocupación y la autoestima, y mayor será también el peligro de sobrevalorarse a uno mismo.

CAPÍTULO 4

TRABAJAR PARA LOS DEMÁS

El secreto para prestar un buen servicio profesional en el ámbito del diseño está en una buena comunicación: con los compañeros de trabajo, con los superiores y sobre todo con los clientes. El diseñador tiene que entender con claridad lo que el cliente desea y esto no siempre es fácil. Todo lo que sale mal tiene en parte como causa un fallo de comunicación. El campo de la psicología ofrece unos provechosos conocimientos para limitar estos fallos. También son útiles las encuestas sobre satisfacción de los clientes. Quien quiera tener éxito trabajando *para los demás* debe tener en cuenta estos aspectos.

La comunicación no verbal

La historia de la comunicación no se inicia con el lenguaje, sino con un entendimiento no verbal. "La mímica, la gesticulación, la actitud corporal y la voz son en esencia más antiguos que el lenguaje", escribe el psicólogo Günther Ullrich, y esta "comunicación no verbal no es muy distinta entre los seres humanos y otros primates y mamíferos superiores". Así pues, aun sin abrir siquiera la boca ya estamos enviando señales. En conjunto, la comunicación se compone solo de una pequeña parte de mensajes verbales. El psicólogo social Joseph Forgas, autor del célebre libro *Soziale Interaktion und Kommunikation* ["Interacción y comunicación social"], afirma que sin la capacidad de percibir las señales no verbales es "imposible desarrollar una interacción

Comunicación gestual

social exitosa". Estos mensajes no verbales se envían y reciben muy deprisa, con frecuencia de modo inconsciente.

Antes de que hablemos por vez primera con cualquier persona desconocida ya hemos recibido de ella una gran cantidad de impresiones: la vestimenta, el comportamiento, la postura corporal, la edad y el sexo, el olor, etcétera influyen en nuestro juicio. La primera impresión es muy potente a la hora de formarse un juicio. Cuando en un tren nos sentamos frente a desconocidos, valoramos de forma inconsciente si nos gustaría o no entablar una conversación con ellos. Las palabras que decimos, podemos pensarlas antes, pero la comunicación no verbal es mucho más difícil de manejar que la verbal. No es necesario haber practicado mucho para ser capaz de ver si las personas que se encuentran reunidas con nosotros en una sala de reuniones, o el mismo jefe, están o no motivados o tienen una actitud amistosa u hostil.

Producir una impresión

"Puede suceder que un interlocutor no verbal se descubra y, en contra de su voluntad, revele ideas, sentimientos y emociones que deseaba mantener ocultas", señala Joseph Forgas. Los brazos y las piernas se gobiernan de forma menos consciente que la mímica: tal vez tengas un aspecto que sea cordial y tranquilo, pero te tiemblan las manos o balanceas los pies con inquietud. (Si quieres averiguar si una persona miente, observa sus manos y sus piernas.) El poder de la comunicación no verbal se pone en evidencia al combinarse con el lenguaje: una sonrisa o un guiño son capaces de anular todo lo que se ha dicho antes.

La comunicación no verbal es en gran medida la responsable de cómo *nos presentamos a nosotros mismos*. Aunque hablar de uno mismo no está bien visto, "no obstante, debe haber señales que comuniquen algo en este sentido", señala Joseph Forgas. No quedaría bien que dijeras directamente a tu cliente: "Soy una persona inteligente, simpática, creativa, con autoestima, soy honesto y llevo unos zapatos fantásticos". Sin embargo, esa es precisamente la *impresión que queremos causar*. A través de nuestra apariencia, nuestra ropa y otros símbolos de estatus transmitimos características superficiales, así como la pertenencia a un contexto social determinado. Quien está de pie y erguido, mira con franqueza a su interlocutor a los ojos, sonríe y realiza un movimiento cordial con la mano ejerce un efecto distinto que aquel que se esconde detrás de un suntuoso escritorio, no se levanta para saludar y se muerde las uñas. Del maletín del portátil sacamos un MacBook. No llevamos por azar un reloj de Max Bill, no escribimos por casualidad con una pluma LAMY 2000 o un lápiz Faber-Castell.

No debemos ni podemos hablar sobre ello *explícitamente*, pero, aun así, adoptamos unas formas o incluso nos posicionamos en una determinada tradición del diseño. ¿Escribirías con una pluma italiana que se pareciera por su opulencia y ornamento a una iglesia barroca? Incluso cuando escribes con el bolígrafo barato de plástico amarillo que te regaló el representante comercial de una empresa emites una señal no verbal: me da igual el diseño de los objetos de escritorio. En los zapatos, los relojes, los objetos de escritorio y la ropa no solo se reconocen los grupos profesionales, sino sus ideas y valores. Los abogados no llevan jerséis negros de cuello alto y los diseñadores no colocan una pluma Montblanc del grosor de un puro encima de la mesa de reuniones.

Nuestra ropa es un canal que emite información no verbal. Empleando la mirada, expresiones faciales, la actitud, el tono de voz, los gestos, la postura y la distancia que interponemos podemos controlar cosas como "quién habla, cuánto tiempo o quién tomará la palabra a continuación". Quien está hablando, por lo tanto, debería atender a las señales no verbales de su interlocutor. Después ya evaluará si se ha comunicado durante demasiado tiempo, de forma incomprensible o eficaz. Los canales no verbales sirven, según Joseph Forgas, al *control del canal*.

La mirada humana es muy efectiva: "Ser observado mucho tiempo puede ser tan desagradable como serlo poco o nada en absoluto". En situaciones de cooperación, las personas se miran más tiempo y más veces que cuando compiten o pelean. Un contacto visual demasiado largo puede significar al mismo tiempo intimidad o agresión. "Dirigir la mirada durante mucho tiempo a un extraño suele entenderse como una señal de agresión

Comunicar con la mirada

y provoca en la persona observada una reacción combativa o de huida. En un estudio se demostró que los conductores de automóviles detenidos en un semáforo a quienes se sometió a la mirada vigilante de un extraño arrancaban mucho más deprisa que los conductores que no fueron manipulados de este modo", escribe Forgas.

Guardar distancias y marcar territorio

El modo en que administramos los espacios y el territorio también forma parte de la comunicación no verbal. Lo cerca o lo lejos de otras personas que nos situemos en el espacio también tiene su significado. Solo a aquellas personas con quienes tenemos *intimidad* les permitimos que se nos acerquen a más de unos sesenta centímetros. Existe lo que percibimos como una *zona personal* que ocupa un radio de unos ciento veinte centímetros. Las personas que no tienen sensibilidad para percibir y respetar esas distancias naturales o que simplemente las ignoran normalmente nos incomodan e intranquilizan. Y quien en una conversación mantiene una distancia de tres metros da la impresión de ser frío y no demasiado digno de confianza.

La distancia

Toda forma de *roce corporal* está muy estrictamente reglamentada. "Quién, cómo, dónde, cuándo y por quién puede uno ser tocado responde a unas reglas definidas", escribe Forgas. A este respecto las diferencias culturales son enormes: en Alemania, por ejemplo, se da la mano al saludar, pero en España y Francia es habitual saludarse con besos en las mejillas. En el contexto laboral no hay, salvo estas excepciones, contactos corporales.

El despacho del "perro guardián"

Presta atención al lugar que elige cada uno de los miembros de un grupo de personas al entrar en una sala de reuniones. El orden en el que se sientan durante una conversación ya sugiere una predisposición a la cooperación y unas relaciones jerárquicas. A la cabecera de una mesa rectangular suele sentarse el jefe. Los adversarios tienden a sentarse por lo general lo más lejos posible, con toda la mesa como separación entre ellos. La comunicación y la cooperación aumentan cuanto más cerca nos sentemos. Una mesa redonda o cuadrada marca menos las jerarquías que una rectangular.

Jerarquía espacial

También es posible apreciar el comportamiento territorial en los despachos personales. ¿Está ubicado el escritorio de modo que divide el espacio en un territorio "abierto" para los invitados y en uno "privado" detrás de la mesa? Las personas inseguras se atrincheran detrás de un escritorio monumental, en un gran sillón de trabajo, y obligan a sus interlocutores a tomar asiento en unas sillitas delante de él. Si como diseñador te encuentras con un cliente que presenta unas exigencias territoriales excesivas, tendrás que intentar resolver la situación en cada caso. También es posible que, si tenemos el despacho en nuestro domicilio, este resulte un espacio demasiado cargado. ¿Por qué no buscar un lugar neutral como punto de encuentro, por ejemplo, un café tranquilo? Cuando todo el mundo está sentado en sillas iguales en torno a una mesa cuadrada o redonda puede generarse una situación de franca conversación.

Así pues, incluso tu despacho dice algo de tu personalidad. En los grandes espacios de trabajo diáfanos los territorios personales se marcan con plantas, biombos, pantallas planas, alfombras y todo tipo de recursos. Fuera del mundo laboral hasta resulta divertido observar el comportamiento de quien se cree el "perro guardián" en las parcelas de los cámpings, los huertos urbanos o los chalets adosados.

La comunicación verbal

Es más fácil controlar la comunicación verbal que la no verbal. Es una forma de comunicación que involucra procesos más conscientes, pero también más lentos. El lenguaje transmite de forma más fiable informaciones objetivas y exactas. La comunicación interpersonal se basa en el conocimiento compartido de la situación, la mayoría de las veces nos comunicamos en un marco determinado: dentro de la agencia, en la familia o con amigos, en un contexto público o con nuestra pareja. Y en escenarios diferentes, con roles dispares, utilizamos lenguajes distintos. En la agencia seguimos un guión distinto que en la piscina.

Cuanto más conocimiento compartamos con nuestro interlocutor, más sencillo será que nos comprendamos. Cuando nos encontramos con un grupo de personas que utiliza otros "juegos lingüísticos" profesionales nos percatamos de lo propios y particulares que son los mundos del lenguaje. Las personas con lenguajes diferentes piensan de manera distinta y, como consecuencia, ven el mundo de distinta forma. En los grupos no tardan en surgir códigos lingüísticos y normas especializadas. Si un diseñador acude a una fiesta de asesores fiscales, no solo se diferenciará por la vestimenta, sino que, simplemente, no entenderá muchas de sus conversaciones. Y esto no depende únicamente de los conceptos específicos de la profesión. El tuteo, la confianza que no tarda en surgir entre diseñadores, es algo totalmente ajeno en círculos como los de los juristas o los médicos. Al escribir un correo electrónico, no debe uno dirigirse a un médico jefe con un simple "¡Hola!", conviene emplear un registro más formal.

Códigos lingüísticos

Estas diferencias se perciben fácilmente echando un vistazo a las publicaciones de cada sector, cada uno de ellos tiene sus revistas especializadas. Las del mundo del diseño se rigen por una lógica visual, pero también lingüística, distinta de la de otros grupos profesionales. Estas diferencias lingüísticas son relevantes para los diseñadores, pues tienen que saber comunicarse al menos en dos mundos. Muchos piensan únicamente en el ámbito del diseño, pero hay otro mundo que quizá sea más importante: el mundo de quien hace el encargo y de sus clientes. Por regla general no son diseñadores, sino gente de otras profesiones: ingenieros, artistas, operarios, músicos, pedagogos, comerciantes, médicos, banqueros, científicos..., desde quienes actúan por cuenta propia hasta directores de consorcios, desde los típicos representantes de un gremio hasta los más atípicos. Las personas que hacen los encargos a un diseñador pertenecen, pues, a otros ambientes

y tienen una forma propia de comunicación. Esta circunstancia ya se
expresa en un plano no verbal, con una vestimenta, reglas de comportamiento y símbolos de estatus diferentes. Sus procesos mentales
funcionan de otra manera: tal vez piensen más con cifras o conceptos y menos visualmente. Puede que tengan otros valores con respecto a la política, los gustos y el comportamiento social. Es posible
que por "buen trabajo" el cliente entienda algo totalmente distinto
de lo que entiendes tú, a saber, la adaptación incondicional a las
normas, la publicación puntual e impecable o unos costes limitados.
Fuera del ambiente del diseño, suele ignorarse el durísimo trabajo
que exige la creatividad y lo difícil que resulta volcar las ideas a la
realidad con medios técnicos. Así pues, intenta trabajar de vez en cuando con personas que
no comparten nada contigo y con las cuales en una fiesta no tendrías tema de conversación ni
para dos minutos. Porque los diseñadores debemos entender qué
expectativas depositan esos "alienígenas" en nosotros. Y expresarán
sus deseos en una lengua "extranjera", no en la del diseñador. La
conclusión con éxito de un encargo es una labor de comunicación.
En cuanto dejas de entender el código lingüístico de tu cliente, surgen los conflictos o se corta la comunicación. No se desenvolverá
bien si solo te interesa tu especialidad y en el fondo solo entiendes a
otros diseñadores. Es precisa una amplia cultura general para poder
penetrar también en otros mundos lingüísticos. Como diseñador
de la comunicación tienes que saber profundizar: debes transmitir
los mensajes de otros —y al público destinatario de esos otros—,
no estás hablando en primer lugar para otros diseñadores.

Ejercitar distintos códigos

Herramientas para una buena comunicación

El psicólogo Friedemann Schulz von Thun ha concebido un modelo
intemporal de la comunicación interpersonal. Su modelo "de los
cuatro oídos" es, sobre todo, práctico. El autor desarrolló unas herramientas para mejorar la comunicación y las puso a prueba durante
casi treinta años. El funcionamiento básico de la conversación es
muy sencillo: hay un emisor que codifica un mensaje y lo emite. El
receptor intenta decodificarlo y entenderlo y, a continuación, enviará

al emisor su respuesta. Schulz von Thun analizó ese envío de información y se sorprendió. "Incluso para mí fue un descubrimiento fascinante [...] darme cuenta de que un único y mismo mensaje siempre contiene muchas informaciones simultáneas. Es un hecho fundamental de la existencia que no podemos evitar ni como emisores ni como receptores. El que cada mensaje sea todo un paquete lleno de información convierte el proceso de comunicación interpersonal en algo muy complejo y susceptible de errores, pero a la vez muy interesante y apasionante." Tenemos que imaginarnos un mensaje como un cuadrado, con cuatro lados:

La complejidad de los mensajes

1. *El contenido de información:* cada mensaje contiene información de carácter específico. Cuando dices: "Todo va bien" o "el semáforo está en verde", el receptor sabe algo sobre tu estado o sobre el semáforo.

2. *El aspecto de revelación personal:* "En cada mensaje se esconden no solo datos sobre el contenido que comunicamos, sino también datos sobre la persona del emisor", escribe Schulz von Thun. Sobre el interlocutor de los ejemplos sabremos que habla en español, que puede distinguir los colores y que entiende la circulación viaria. Si prestamos atención a las señales no verbales, averiguaremos todavía más.

3. *La relación con el receptor del mensaje:* "Del mensaje se desprende además la relación del emisor con el receptor, lo que piensa de él". Esta parte del mensaje aparece con frecuencia de forma no verbal, a través de la entonación, el volumen de la voz y la situación. "El receptor tiene un oído especialmente sensible para esta faceta del mensaje, pues es aquí donde se ve tratado (o maltratado) como persona de una forma determinada", escribe Schulz von Thun. En cuanto hablamos con otros seres humanos, definimos secretamente qué relación establecemos con ellos. Para ello, emisor y receptor son capaces de percibir un sentimiento, pero a menudo se producen interpretaciones incompatibles de la relación que se ha establecido. Cuando una parte sugiere cercanía (o cooperación) y la otra subraya la distancia (o competencia),

la comunicación falla. Generalmente desconocemos de antemano qué interpretación de la relación elabora el otro.

4. *Plano de llamada o apelación:* "No hay casi nada que 'simplemente' se diga; casi todos los mensajes tienen como función ejercer una influencia en el receptor. [...] El mensaje también sirve para provocar que el receptor haga o deje de hacer ciertas cosas, piense o sienta". Si preguntas a tu interlocutor: "¿Por qué sigues fumando?", no estás mostrando interés en las razones objetivas. La pregunta contiene implícita una apelación o demanda.

La representación gráfica del acto de hablar con alguien es sencilla:

(cp. Schulz von Thun 1981, pág. 30)

Cada mensaje tiene cuatro lados, pero siempre hay algo más: por una parte, el emisor no siempre es consciente de todo lo que está enviando en distintos niveles. Y el receptor del mensaje es "en general libre de elegir ante qué lado del mensaje quiere reaccionar", escribe Schulz von Thun. Así pues, escuchamos siempre con cuatro oídos: un oído de contenido, otro relacional, otro de apelación y otro de revelación personal. Las personas se diferencian claramente según sus hábitos de percepción. Un mensaje se envía como un paquete. Llega hasta el receptor, pero entonces ya no tiene el mismo contenido con el que se envió. Lo que se envía es asunto del emisor, pero lo que se recibe es un "invento" del receptor.

El modelo de los cuatro oídos

Un mensaje puramente objetivo puede ser entendido como una apelación o una provocación; un mensaje relacional puede ser escuchado de forma puramente objetiva y resultar ofensivo. Al emisor le parecen objetivas algunas declaraciones, pero el receptor se las toma como una declaración personal del emisor. Forma parte de nuestra experiencia cotidiana el que los mensajes sean recibidos de forma totalmente distinta de como fueron concebidos. Esto no se debe a la incompetencia del emisor o del receptor o a las malas intenciones. Se debe a lo complicada que, por su propia naturaleza, es la comunicación: la comunicación es por sí misma delicada. Los daños que pueden sufrir los mensajes al propagarse nos lo demuestra el juego infantil del teléfono estropeado.

Las intenciones y los resultados tienen vida propia: que haya buena intención no significa en absoluto que el resultado sea bueno. Nuestra forma de entender la vida cotidiana nos sugiere, por desgracia, que los mensajes terminan llevando la intención que nosotros interpretamos. O somos nosotros quienes confiamos en que los otros ya entenderán lo que "queremos decir". La psicología señala que el emisor es responsable de lo que envía y el receptor de lo que recibe. La intención y el efecto están "desacoplados". De tal miseria ya fue presa Mefistófeles, que confiesa a Fausto que es "una parte de esa fuerza que constantemente quiere el mal, pero siempre hace el bien".

¿Qué efectos causan los mensajes?

Por todo lo anterior, una frase dicha, un mensaje enviado, nunca es neutral. Lo decisivo es quién lo recibe. Schulz von Thun lo explica con la imagen de una reacción psicoquímica, "que se produce cuando se juntan dos sustancias". El mensaje enviado no es explosivo por sí mismo, pero llega a serlo cuando se une a otra sustancia del lado del receptor. "Cuando se critica a un receptor que está totalmente convencido de que cometer errores está mal y que menoscaba su propio valor, entonces es cuando surgen la ofensa y la sensación de agresión que 'explotará' como reacción psicoquímica." Si se dirige la misma crítica a otro compañero con condiciones psicológicas distintas, "la reacción puede resultar más inofensiva y constructiva".

La interpretación

La recepción de los mensajes tiene lugar, según Schulz von Thun, en tres pasos que un oyente más reflexivo psicológicamente es capaz de diferenciar:

1. *Percibir* algo: Ves el ceño fruncido de tu jefe cuando escuchas la frase: "¿Cuándo estarán listos los bocetos del logo?".
2. *Interpretar* algo: Evalúas la comunicación no verbal y piensas: "¡Está descontento conmigo!" o "¡Voy demasiado despacio!".
3. *Sentir* algo: Los pensamientos generan sentimientos: te sientes desanimado o decepcionado.

La recepción de un mensaje es el "producto de la interconexión de estos tres procesos en el receptor" que generalmente se realiza de forma inconsciente y paralela. Debes tener claro que este proceso se desarrolla en tu parte, la del receptor, y no se corresponde categóricamente con la intención del emisor. La pregunta acerca de cuándo estarán listos los bocetos del logo puede ser meramente objetiva; el ceño fruncido tal vez se refiera a algo que no tenga nada que ver contigo.

Sin comprobar la realidad, es decir, sin preguntar, apenas podemos saber lo que el otro pretendía con lo que nos ha comunicado. Y a pesar de todo, interpretamos constantemente los mensajes que recibimos. Antes de caer en el malestar o en el desánimo, debemos tener clara una cosa: la capacidad de leer el pensamiento está muy poco desarrollada en los seres humanos. La interpretación es producto del receptor, no del emisor. Schulz von Thun llama a nuestras interpretaciones de un mensaje "fantasías", porque pueden "ser acertadas o desacertadas".

Preguntar antes de interpretar

Tendemos enseguida a suponer que un mensaje es una apelación encubierta o una alusión negativa a nuestra persona. De modo que la pregunta sobre cuándo estarán listos los bocetos del logo o el ceño fruncido son susceptibles de interpretarse de maneras muy distintas. Ambos pueden ser una apelación, pero no necesariamente. En la comunicación surgen muchas interferencias que cesan al comprobar qué hay de real en esas fantasías. Debido a la pregunta sobre el logo, inquieto, empiezas a darte mucha prisa y caes presa del desasosiego. El jefe se percata de ello y deduce que hoy quieres irte antes a casa, pues de otra forma no trabajarías a esa velocidad.

Si tu comportamiento cambia debido a una interpretación equivocada, tu entorno reacciona a su vez y se produce una cadena de malentendidos cuyo origen es, a veces, imposible de reconstruir. Una comunicación exitosa depende de que hablemos los unos con los otros y comprobemos una y otra vez si nuestras fantasías están relacionadas con las intenciones del emisor. "Lo que no se dice dificulta la comunicación", vaga por nuestra mente como un pensamiento sombrío. Expresa tu escepticismo, tu descontento, tus sentimientos, únicamente los sentimientos expresados logran cambiarse de modo positivo. Schulz von Thun formula una tesis: "Solo el otro puede decidir si mis fantasías son acertadas. Yo no soy un experto en su mundo interior, ignoro lo que 'realmente' siente y lo que 'realmente' desea". El receptor de una noticia es corresponsable de su propia reacción. El emisor no es el único que tiene la responsabilidad.

Para facilitar la comunicación, Schulz von Thun recomienda anteponer los mensajes Yo a los mensajes Tú. "¡No tienes consideración!" provocará una reacción distinta que la frase: "Me siento ignorado". Deben evitarse en lo posible las generalizaciones enigmáticas, las frases con "se". "La helvética ya no se utiliza..." ¿Quién es "se"? Solo podemos hablar de forma verosímil acerca de nosotros mismos; al prejuzgar a los demás no solemos avanzar en el plano del contenido. Y los contenidos son, en los procesos laborales, los que tendrían que situarse en primer plano.

La mala interpretación

El arte de hacerse entender

En cada una de tus presentaciones o reuniones tienes un contenido que comunicar y hay unas cuantas reglas que aumentan la probabilidad de que este mensaje llegue en buenas condiciones al receptor. Cada mensaje no solo tiene cuatro lados, sino que además se presenta empaquetado visual y verbalmente. Pese a la tendencia creciente de los diseñadores a esconderse tras los formatos de la presentación, el lenguaje sigue siendo la viga maestra de la transmisión de contenido. En tus diapositivas (también) hay textos, de tu boca salen palabras.

Como señala el psicólogo económico Günther Ullrich, la transferencia de datos presupone "que el emisor y el receptor compartan los mismos caracteres". Y, con un sencillo ejemplo, muestra lo fácilmente que pueden surgir los malentendidos: "Un director de personal del norte de Alemania describió a un colaborador en el certificado de trabajo como 'vivo' refiriéndose con ello a 'vivaz', 'enérgico'. Al solicitar trabajo en el sur de Alemania, el director local de personal lo interpretó como una sutil indicación de que el candidato iba 'tras las mujeres'". Queda pues patente que ya simplemente en un mismo espacio lingüístico conceptos similares tienen significados diferentes.

También los diseñadores utilizan una jerga que, fuera del ámbito de los estudios y agencias, no se entiende o induce a error. A muchos agentes de publicidad no les sorprende el elevado número de anglicismos que se utilizan en su ambiente, pero en otros sectores no es costumbre emplearlos y no entienden de qué les estás hablando. Utilizar términos propios del español para describir el desarrollo normal del trabajo quizá no te haga parecer demasiado *trendy*, pero al menos estarás seguro de que todos los oyentes entenderán lo que significa la palabra reunión. Es absurdo que los contenidos se han convertido en *content*, un reclamo en un *eye-catcher* o un boceto en un *scribble*. Y muchos de estos anglicismos ni siquiera existen, son atroces invenciones.

Adaptarse al interlocutor

En esta línea, el ingeniero y economista Wolf-Ullrich Cropp propone en *Das andere Fremdwörter-Lexikon* ["El otro diccionario de extranjerismos"] un barbarismo para cada palabra alemana. ¿Por qué decir simplemente que un compañero es querido, pudiendo calificarlo como *grata persona*? Este diccionario es muy recomendable para todo aquel que no quiera hacerse entender.

Günther Ullrich establece unas reglas básicas para la comprensibilidad. El lenguaje debería ser sencillo, no complicado. Hasta las cosas más simples pueden expresarse de forma que sea prácticamente imposible entenderlas. Deberías ajustar la información que deseas transmitir teniendo en cuenta al receptor. A qué profundidad quieres llegar, qué datos de fondo o qué detalles técnicos es conveniente exponer dependerá de quién te esté escuchando. La sencillez no implica que haya que omitir datos. Selecciona. Utiliza frases breves y conceptos comprensibles. Piensa qué palabras técnicas quizá desconozcan tus oyentes. Por un folleto a "dos colores", un lego en la materia suele entender que utilizas negro, blanco y además dos colores. Pregunta a tu familia si alguien sabe lo que significa "magenta" o "4C", o lo que es un archivo jpg, tif o pdf. Pregunta a tu cliente para obtener la información necesaria y estar seguro de que usáis los términos en el mismo sentido.

Seleccionar la información

Cuando la cantidad de información sea mayor deberías saber articularla bien, en caso contrario se pierde claridad. Empieza la presentación con una breve visión general de lo que le espera al oyente. El número de folios debería ser reducido; en un folio bastan cuatro líneas de texto. Diferencia también aquí grupos de destinatarios, de todos modos la capacidad de recepción será limitada en todos. Los textos largos o las presentaciones deslavazadas pasan a través de sus destinatarios sin que retengan prácticamente nada. Después, lo único que se sabe es que tú eras el tipo con muchos folios azules y las gafas cuadradas.

Para la comunicación oral, tanto en una reunión como en los textos, por ejemplo, Günther Ullrich recomienda ser *"breve y conciso"*. Evita la ampulosidad. Para ello tienes que concentrarte y tener claro tu mensaje. Si no sabes lo que quieres decir, es mejor que no digas nada. Sigmund Freud escribió que los textos malos o incomprensibles no tenían nada que ver con carencias lingüísticas. Se derivaban de un desorden psicológico interno.

Otro error frecuente: breve no significa rápido. Se cuenta que Voltaire dijo en una ocasión que escribía mucho más cuando no tenía tiempo. Ser conciso, sintético y preciso exige, en efecto, mucho trabajo, pero merece la pena. No se trata de responder un correo electrónico lo antes posible, sino más bien de que entiendas con exactitud las preguntas y que abordes todo lo que el emisor quiere saber. Las respuestas rápidas pero faltas de precisión y con errores nos cuestan mucho tiempo. Obligan a volver a preguntar. Lamentablemente esto forma ya parte de la rutina laboral: en un correo electrónico planteamos tres preguntas a la vez. Enseguida nos responden, pero solo a una de nuestras preguntas e incluso a otra que ni siquiera hemos planteado. ¿Por qué desperdiciar tanto tiempo?

Claridad y concisión

Los ejemplos y las ilustraciones facilitan la comprensión. Gracias a ellos los hechos desnudos se hacen más accesibles. En su obra fundamental *Schreiben wie ein Profi* ["Escribir como un profesional"] Norbert Franck advierte de los peligros de usar expresiones metafóricas, mediante imágenes lingüísticas (como "echar algo en saco roto", "echar leña al fuego" o "perder el hilo"). Y en caso de dudas, es imprescindible consultar diccionarios y otras obras especializadas.

Prestación de servicios y satisfacción del cliente

A veces los clientes pueden llegar a ponernos de los nervios. Lamentablemente, con frecuencia muchos trabajadores del sector servicios lo expresan abiertamente. Alemania, por ejemplo, se distingue por una pésima atención al cliente. Los residentes en ese país estamos acostumbrados a ser tratados con poca amabilidad, ya sea en unos grandes almacenes, supermercados, panaderías, en la atención telefónica, en los bancos, administraciones, tiendas de ropa, restaurantes, cafés… Y si bien los trabajadores de estos lugares viven de *nuestro* dinero, *nosotros* nos sentimos como si tuviéramos que suplicar.

En algunos sectores no contamos con ninguna otra salida y tenemos que aguantar las malas maneras: en algún banco necesitaremos tener una cuenta, a algún taller tendremos que llevar el coche cuando se estropea… Sin embargo, los diseñadores lo tienen más difícil; al igual que sucede en cuestiones de política o de educación, mucha gente está totalmente convencida de que tiene capacidad para opinar o incluso aconsejar sobre la materia aunque no tenga ningún conocimiento sobre ella. Todo el mundo puede opinar sobre gustos, y "crear" una mala página web es juego de niños. Incluso cuando fracasan sin ayuda profesional algunos siguen aferrándose al cliché: se trataba de los contenidos, no del aspecto.

La creciente capacidad de rendimiento de los ordenadores, escáneres e impresoras ha abocado a una *protoprofesionalización* en el ámbito del diseño. Así, pues, la calidad de la prestación del servicio y la medida de la satisfacción del cliente son, en el diseño profesional, de mayor relevancia que en otros sectores. Ante este panorama, que el cliente esté satisfecho es cada vez más importante. Si nunca estás disponible, prefieres que te llamen al móvil, te presentas en la reunión en chancletas y, aunque has hecho tu trabajo, has ignorado completamente los deseos del cliente, entonces estás convirtiendo al cliente, a quien te paga, en alguien que debe suplicarte. Un estudiante de informática aficionado y que además sabe crear páginas web, hacer buenas fotos o ilustrar se convertirá en un competidor serio. Y, además, finalmente será mucho más barato.

Satisfacción del cliente

Las expectativas gobiernan la percepción

Antes de haberte visto o de haber hablado contigo, el cliente ya se ha formado sus "hipótesis subjetivas": todo proceso perceptivo se inicia con unas expectativas, afirma el psicólogo social Tobias Greitemeyer. El modo en que se crean estas expectativas es distinto para cada uno y sumamente diverso. Aun así, las recomendaciones de palabra, las necesidades personales y las experiencias vividas hasta el momento influyen en ellas de forma palpable. Las hipótesis son inevitables y difíciles de manejar. Uno no puede provocar que lo recomienden de palabra. Uno solo puede ganarse una buena reputación a fuerza de trabajo continuado. Es cierto que, en general, las expectativas conllevan consecuencias, independientemente de si tienen algo que ver con la realidad o no. Las expectativas contribuyen a determinar lo que percibimos.

Es imprescindible que sepas desde el principio cuáles son las expectativas de tu cliente y, si es necesario, las corrijas. Este "crimen" debe perpetrarse al principio del proyecto para evitar decepciones y conflictos. Deja bien claras tanto tus posibilidades como tus límites. Las expectativas desencadenan fuerzas psicológicas insospechadas. Es frecuente que conduzcan a "juicios conforme a expectativas", como denominan los psicólogos a este fenómeno.

Domar las expectativas

Esto también sucede en nuestra vida cotidiana: solemos leer el periódico que reproduce nuestra opinión política (para darnos a nosotros mismos la razón). Creemos la información —elegida conforme a nuestras expectativas— de los medios periodísticos. Hasta dónde puede llegar este efecto queda patente en los pronósticos que, en algunos procesos electorales, realizan institutos de investigación "independientes". En los periódicos conservadores los partidos conservadores tienen de vez cuando pronósticos sorprendentemente mejores. La actitud expectante del cliente influye incluso hasta en las estadísticas matemáticas insobornables.

¿Satisfacción latente o manifiesta?

Los clientes acuden a ti con expectativas, sean las que sean. El que queden o no satisfechos del servicio que les has prestado depende de la comparación indirecta entre las expectativas y el trabajo realizado. Por una parte es un proceso objetivo. Tu propuesta indica cuál será la tarea que realizarás y a qué tarifa. Este plano contractual de la satisfacción manifiesta no tiene mayor interés desde el punto de vista psicológico. Sin embargo, hay también otro plano.

La satisfacción del cliente también viene determinada por aspectos que no están directamente relacionados con el producto. A pesar de que le guste el cartel que has diseñado para él y que este provoque el efecto deseado, tu cliente puede sentirse insatisfecho. Aquí interviene la satisfacción latente del cliente, que no es el resultado de una comparación entre las expectativas y el producto. Si media una relación previa de años en la que la experiencia ha sido positiva, el cliente se mostrará mucho más tolerante ante un trabajo incorrecto. Pero por otra parte, sus expectativas también aumentan, porque siempre has resuelto de forma competente sus problemas. Estará más satisfecho cuando sienta que lo mantienes implicado e informado. La confianza y la transparencia influyen poderosamente en la satisfacción latente. (Disculpamos más a una persona simpática que a una antipática.)

Por eso, los psicólogos económicos Anton Meyer y Roland Katsperger distinguen incluso entre las habituales demandas de servicio y las demandas de entusiasmo. Si obtenemos lo que hemos pedido, "solo" estamos satisfechos. Pero si al lado del capuccino encontramos un delicioso bombón, con la cerveza nos sirven un aperitivo inesperado o tras la comida nos ofrecen una copita de licor, nos sentimos realmente contentos. En estos casos también se saca partido del fenómeno psicológico de que la primera y la última impresión son las que determinan en mayor medida la percepción.

En nuestra impresión no solo influye el resultado obtenido o la forma en que se ha prestado un servicio, sino también lo que se nos da de más de forma dosificada. "Estos gestos, puesto que el cliente no los espera, están vinculados a una sorpresa positiva que conducirá a su satisfacción; su ausencia, sin embargo, no producirá insatisfacción", escriben Meyer y Kantsperger. Incluso el hecho de que te sientas poco satisfecho con el puro producto acarreará pocas consecuencias cuando una tarea adicional se percibe de modo positivo. De ahí que, por ejemplo, sea un gesto inteligente que los ferrocarriles alemanes ofrezcan a los pasajeros un café o una cerveza si hay retraso. La satisfacción del cliente eleva de nuevo su apego hacia ti, sigue recomendándote, es menos sensible al precio y está más dispuesto a realizar "compras adicionales".

Las atenciones extra

Por favor, un poco de paciencia

En los andenes de la estación, en los aeropuertos, en las colas de espera de las oficinas de correos nos tropezamos continuamente con personas malhumoradas. A veces parece como si estas personas fueran a estos lugares solo a enfadarse por cada minuto de espera. Esta sorprendente susceptibilidad de los que esperan resulta interesante en el ámbito psicológico. Para el psicólogo laboral Friedemann Nerdinger, "la espera es el problema central de la prestación de servicios".

Así pues, no se trata únicamente de cómo trabajas para un cliente, sino también de cuándo. La mayoría de las veces en la primera reunión os veréis en persona, en adelante usaréis el teléfono, Skype, el fax, o el correo electrónico. Queda descartado, pues, el importante plano de la comunicación no verbal. El cliente, por regla general, te envía textos e imágenes sin respetar demasiado los plazos de entrega que ha aceptado previamente. Sin embargo, en la percepción del cliente ocupa un lugar destacado la siguiente cuestión: *¿Cuándo vas a responderle tú?* Entre el tiempo de espera y la satisfacción del cliente hay una relación negativa. Cuando el cliente pide una propuesta, si la mejor oferta que recibe llega con mucho retraso respecto a las demás, no suele considerarla la más relevante.

Hacer esperar

El cálculo subjetivo del tiempo suele tener poco que ver con su transcurso objetivo. Aun así, la percepción subjetiva del tiempo es manipulable. Para las personas, la espera relativa a la puesta en marcha de un proceso es la que parece siempre "la más larga", según Friedemann Nerdinger. Por ello, el tiempo que transcurre entre una primera consulta y la respuesta de la agencia es de máxima importancia. Es el tiempo de espera que se nos antoja más largo. El mismo lapso de tiempo, quizá dos días, nos parece más breve durante el proceso. Esperar unos minutos en el andén o esperar ya dentro del tren se percibe de forma muy diferente.

¿Qué va a pensar quien envía por vez primera un mensaje de correo electrónico a una agencia y dos días después todavía no ha recibido respuesta? El primer contacto deja poco margen de juego para verificar este tipo de especulaciones. Después, telefoneamos de mala gana y preguntamos por qué tenemos que esperar. El primer contacto deja una primera impresión psicológicamente dominante y negativa cuando la comunicación no se ha producido con celeridad. Antes de hacer nada, ya empezamos a irritar a los potenciales clientes.

Resulta relativamente sencillo suavizar los efectos negativos de los tiempos de espera: ¡Informa al cliente! Quizás, si estás ausente, un asistente pueda comunicarle cuándo le contestarás o por qué te resulta imposible responder en ese momento. Un tiempo de espera incierto y poco claro se hace más largo que uno conocido y limitado. Solemos ser comprensivos en situaciones excepcionales, pero solo si sabemos que se ha producido una de ellas. Las emociones negativas surgen porque dudamos y no podemos calcular la duración de la espera. Quien no recibe información no tarda en sentirse abandonado. Incluso en una situación de sobrecarga de trabajo es siempre imprescindible un breve correo electrónico que informe al cliente sobre las causas de esta espera y ponga fecha a una respuesta detallada.

Los tiempos de espera

Al explicar las causas de las demoras es aconsejable renunciar al uso de la ironía y de las bromas: "Los tiempos de espera injustos duran más que los justos", escribe Friedemann Nerdinger. Al cliente no le parecerá bien que estés tomando el sol y que por eso te retrases. Por supuesto, esto no es un argumento en contra de unas merecidas vacaciones; pero siempre puedes informar previamente al cliente al respecto y ocuparte de tener sustituto. La satisfacción del cliente crece cuando percibe que en una situación de espera tú estás poniendo de tu parte. Más allá del tiempo de espera, la amabilidad y el trato como a un igual son valores que ejercen una influencia positiva sobre la satisfacción del cliente.

¿Buenos modales?

En la época preindustrial los buenos modales eran señal de distinción en el trato con personas. Hoy las cuestiones de estilo se refieren sobre todo a los materiales: accesorios, ropa, coches o mobiliario. El diseño de productos está muy lejos del diseño del trato social cotidiano.

Y sin embargo, las personas tendrían que ser la medida de todas las cosas. Pese a esto, también puede verse una nostalgia por unas ciertas normas de etiqueta —¡algo que es totalmente distinto de los buenos modales!—, de otra manera no se entiende la avalancha de ofertas de cursos y asesores.

La obra del filósofo alemán Adolph Freiherr von Knigge, masón y miembro de los Iluminados de Baviera, ha sido generalmente malinterpretada. Su obra maestra *Über den Umgang mit Menschen* ["Relaciones humanas"], de 1788, no es un manual sobre urbanidad y comportamiento sino un escrito sobre la amabilidad y la discreción. Su descendiente Moritz Freiherr von Knigge aventuró en 2004 una actualización de la obra en su libro *Spielregeln. Wie wir miteinaner umgehen sollten* ["Reglas de juego. Cómo deberíamos tratar a los demás"], que también gira en torno a la cuestión de los modales. No deberías preocuparte por las normas de etiqueta. Hoy en día, saber si un espárrago se corta o no con el cuchillo no será determinante para tu futuro laboral. Sin embargo, la cortesía y el tacto han adquirido en la actualidad una importancia creciente. En la sociedad de la prestación de servicios se requieren aptitudes sociales.

Comportamiento social

Sin embargo, los medios digitales y las nuevas formas de trabajo sobrepasan los límites de la esfera privada. La vida pública está, por esta razón, menos determinada por las normas de cortesía. Muchas personas divulgan su vida privada a través de las redes sociales. Y no se trata simplemente de una cuestión de carácter, sino de una tendencia social. El sociólogo Richard Sennett lo ha denominado la "tiranía de la intimidad". Hoy en día, aunque impera más libertad social, tenemos que estar, en mucha mayor medida, en armonía con los demás también en el ámbito laboral. Hoy, los seres humanos están (laboralmente) más próximos los unos a los otros, pero son mucho más diversos e individuales que antes.

La discreción vela por una distancia necesaria, es una tolerancia que se palpa. Tu ateísmo o tus creencias religiosas, las opiniones políticas o las tendencias estéticas no deben entrar en la sala de reuniones:

tal vez los demás piensan o sienten de forma distinta a ti. Quienes parten de la idea de que sus propias inclinaciones son compartidas por todos se encuentran enseguida en esta situación, pero pocas veces existen motivos para tener que luchar por alcanzar un consenso definitivo en las cuestiones que son más profundamente subjetivas.

En el fondo, los buenos modales encarnan una filosofía práctica de comunicación exitosa.

El valor práctico de los modales

Los modales garantizan el espacio de libertad entre personas distintas que, pese a ello, quieren entenderse. Quien tiene modales simplificará primero las cosas a los demás; ¡no a sí mismo! Y esto redunda en beneficio de todos. Un simple catálogo de normas de conducta apenas responderá a la complejidad de la convivencia humana. Los modales "no son un sistema, no se deducen de forma lógica y escapan de la fijación exacta", escribe Asserate, que define la amabilidad como consideración hacia los demás.

En los últimos años, los psicólogos han redescubierto la atención inspirada en los maestros budistas. Se trata, simplificando, de intentar concentrarse en la situación actual. Lamentablemente no se da por supuesto que debemos prestar atención a las personas con las que precisamente estamos colaborando. Muchos prefieren dedicarse al móvil o piensan ya en su próxima cita. Pero ¿por qué merecen las personas nuestra falta de consideración? Los modales implican una dimensión más profunda del concepto de prestación de servicios que no debe convertirse en una mera técnica de venta superficial y retórica.

¿Vestimenta adecuada?

Alemania es, lamentablemente, un país conservador en lo referente al papel de la mujer, el sistema educativo y la velocidad en las autopistas. Sin embargo, al mismo tiempo es, por desgracia, avanzado e informal en relación con los modales y el vestir. Ciertamente los diseñadores no desempeñan un papel principal en ese infortunio. Los sectores laborales que se ocupan de la estética han de cuidar de su indumentaria. La indumentaria no solo es necesaria o práctica, cumple una función social. Ya las pieles con las que se cubrían nuestros antepasados tenían sobre todo una función social, informaban acerca de su estatus en la estirpe.

"Vanidad, y no utilidad, es lo que se hallaba al principio del vestir", afirma la especialista en literatura Gertrud Lehnert en su *Schnellkurs Moda* ["Curso rápido de moda"]. No es adecuado que alguien que acaba de empezar en una agencia sea el único en presentarse trajeado. La elección de la indumentaria, conforme a los buenos modales, debería ajustarse a cada situación. Esto significa que el espectro de la ropa de los creativos es amplio. Pero precisamente por ello debes saber dejarte guiar por el guion de la situación y no por tu gusto o tus costumbres. Cuando sepas lo que visten tu jefe, los compañeros de trabajo o los clientes, obtendrás la media. Partiendo de ella sabrás qué indumentaria es exagerada y cuál insuficiente para la situación.

Además de vestir conforme a la situación, deberías tener en cuenta que la ropa que lleves te permita moverte con naturalidad. Quien se ahoga porque lleva corbata por primera vez en su vida o porque no logra andar más de cinco pasos con zapatos de tacón debería renunciar categóricamente a ellos. Debería también tenerse en cuenta que en determinados ambientes aún persiste un vínculo soterrado entre vestimenta y connotaciones sexuales y en ellos debe mostrarse cierta prudencia en el vestir. La interpretación de lo que es adecuado es una cuestión generacional, cultural y de sectores profesionales. Desde un punto de vista histórico el desenfado de la moda actual es aún relativamente reciente: la lucha por la minifalda se extendió hasta la década de 1980. A algunas personas pueden aún opinar que los chicos y chicas en pantalón corto y con sandalias van desnudos o sin vestir. Para la ropa se aplica la misma regla que para los modales: conseguir que los otros (también) se sientan cómodos.

Adecuarse a la situación

CAPÍTULO 5
TRABAJAR MAL

Maldición y bendición de la motivación por resultados

Incluso los niños desean a toda costa hacer por sí solos las cosas que aún no saben hacer bien del todo. Cuando se atan por primera vez el nudo de los zapatos, resplandecen de felicidad y motivación. Entre los adultos sucede lo mismo, lo único que cambian son los retos. "La predilección por los desafíos que uno se cree capaz de superar es una característica típica, durante el periodo de desarrollo, de la conducta motivada por el rendimiento o los resultados", escribe el psicólogo Falko Rheinberg.

A veces —aunque no siempre— el mundo laboral ofrece a las personas la posibilidad de sentirse aptas y capacitadas para rendir. Para sentir la motivación por los resultados, necesitamos añadir un patrón de calidad que poder tomar como referencia. Quien sale a correr, por ejemplo, se siente luego agradablemente fatigado, lo que no impide que también mida su tiempo o su recorrido para ver si su rendimiento ha progresado respecto a otras ocasiones. Cuando alguien corre su primer maratón lo "único" que quiere es llegar a la meta. Pero la segunda vez ya desea mejorar su tiempo. La motivación por los resultados precisa de esfuerzo y de un instrumento de medida.

Este mecanismo, con escalas complicadas y, con frecuencia, ocultas, tiene también lugar, por supuesto, en la vida laboral. A algunas personas les basta con recibir un salario para "sentirse satisfechos"; sin embargo, para la mayoría de los creativos esta satisfacción depende más de los factores "elásticos" de la consecución de resultados. En general, en el mundo del diseño es difícil medir con precisión la calidad y el rendimiento, la estética no encaja en un sistema de puntos. Y esto puede convertirse en un problema de motivación... o, al contrario, la falta de claridad puede servir de estímulo para obtener un máximo rendimiento. En relación con la motivación por los resultados los psicólogos han observado un comportamiento sorprendente: lo que pasará con los puntos que hemos obtenido luchando, para qué se utilizarán, no es un factor de motivación en sí, con frecuencia nos esforzamos simplemente para sentirnos bien o solo para lograr lo que nos hemos propuesto.

Factores de motivación

Algunas personas se vuelven adictas a las experiencias de éxito que logran mediante su esfuerzo. Un ejemplo de ello es "ese directivo con un salario alto que, a pesar de su crónica falta de tiempo, se empeña, sentado en la mesa de su despacho, en reparar la correa defectuosa del reloj armado con unas tijeras y una navaja. Con su sueldo podría haberse comprado un montón de correas nuevas en lugar de perder media hora. Pero no se trata de eso: quiere comprobar si puede hacerlo él mismo, por irracional que sea desde el punto de vista económico", escribe Rheinberg. La motivación por los resultados no es pues, en absoluto, la responsable únicamente de hechos heroicos, sino que también puede ser nociva en caracteres maniáticos.

Al margen de este plano psicológico también actúan unas normas sociales de rendimiento enfermizas. En nuestra sociedad se alaba no solo el trabajo, sino el exceso de trabajo —cuanto más, mejor; sin tomar en consideración las consecuencias—. Quien se queja ante los amigos o los padres de tener demasiado trabajo, suele escuchar por respuesta: "¡Ya puedes estar contento de tener trabajo!". Se infravaloran los perjuicios que conllevan para la salud tanto el desempleo como el exceso de trabajo. De la explotación nos protegen los sindicatos e incluso, aunque de forma algo vacilante, los partidos políticos; pero nadie nos protege de nosotros mismos.

En el sector creativo ambas cuestiones se convierten en un problema: es un sector joven y por ello carente de tradición. Le falta un escudo de protección sindical. En un ambiente en que el trabajo no tiene límites y los niveles de rendimiento resultan poco claros prolifera sobre todo el "arte de la autoexplotación", como lo define el sociólogo Jacob Schrenk en el libro homónimo, *Kunst der Selbstausbeutung*. En las revistas suelen encontrarse a menudo citas de famosos que se autodefinen con orgullo como "adictos al trabajo". Los medios de entretenimiento provocan la fatal impresión de que el agotamiento o fatiga laboral es una cuestión de prestigio. Todo esto conduce a que el trabajo no solo sea un lugar en el que experimentamos nuestras aptitudes y crecemos, en el que tenemos éxito y nos desarrollamos. Quien *trabaja* (o tiene que trabajar) *mal* a la larga pierde la alegría y es posible que llegue a enfermar.

Autoexplotación

El estrés diario y la exigencia de rendimiento

La vida siempre es un peligro para la vida, decía Erich Kästner. No hay nadie que haya pisado la Tierra que no haya sentido estrés en algún momento. Estar estresado durante un breve periodo de tiempo es normal, no es ni grave ni pernicioso. Durante toda nuestra vida nos ajustamos a circunstancias cambiantes y, en general, esto resulta agotador. No toda momentánea sobrecarga de trabajo o leve tensión en el cuello o dolor de cabeza son sintomáticas de que ya no podemos llevar a término nuestro quehacer profesional o de que vamos camino de sufrir un infarto.

La expresión "estoy estresado" se usa con demasiada frecuencia. Pero igual que una depresión no tiene nada que ver con el abatimiento normal que todos sentimos en un momento u otro, tampoco el estrés momentáneo es sinónimo del síndrome del desgaste profesional. Sentir cierta tensión resulta incluso necesario en el desarrollo de una tarea creativa. Quien delante de una prueba o de una cita importante no siente el menor nerviosismo no hace que su rendimiento cotidiano aumente. Los médicos llaman "eustress" a la variante productiva y sana del estrés. Se reconoce por la vitalidad, el optimismo, la satisfacción y una mayor capacidad de concentración. El estrés positivo eleva la capacidad de rendimiento; "al igual que los músculos, también las funciones mentales se construyen mediante la sensación de esfuerzo y pierden su capacidad funcional con el no-esfuerzo subjetivo", señalan los psicólogos laborales Norbert Semmer e Ivars Udris. Para gestionar adecuadamente esta forma de tensión productiva hay que conocerse bien. Utilizada de manera selectiva contribuye a un rendimiento constante y también más elevado. Si a la tensión sigue la distensión, se reponen las reservas de energía. Quien es capaz de evaluar correctamente su propia condición física no solo corre más deprisa, sino también recorre más distancia. Si domináramos esto a la perfección, las siguientes páginas no serían necesarias. Lamentablemente, enfermamos de gravedad como consecuencia de estados negativos de estrés.

Los riesgos del estrés para el cuerpo y la mente

Los factores de estrés responden a dos aspectos. El trabajo en sí es una carga que viene de fuera. Hay otras cargas ante las que el organismo reacciona, por ejemplo, un ruido fuerte, el aire contaminado o un calor intenso. Los médicos llaman "estresores" a los factores externos generadores de estrés. Entre estos factores se cuentan, por ejemplo, una gran carga de tareas, el hecho de que sean otros los que determinen nuestra actividad, ver limitada nuestra capacidad de acción, sufrir la elevada presión de los plazos, conflictos interpersonales, inseguridad laboral, falta de apoyo, estar sometido a exigencias y expectativas que varían rápidamente, a un régimen de multitarea o a constantes interrupciones del trabajo debido al correo electrónico y el teléfono.

Los psicólogos laborales denominan "estrés" a la respuesta individual ante estas cargas; para ellos, que alguien viva una experiencia como estresante o no depende de muchos factores. Una persona sana reacciona de forma diferente que una enferma, alguien que está hambriento y cansado reacciona de manera distinta de otro que acaba de pasar tres semanas de vacaciones. El cuidado de un enfermo puede convertirse rápidamente en

Respuesta al estrés

una sobrecarga; sin embargo, para las personas que cuentan con la formación adecuada y ya tienen costumbre de hacerlo es una tarea normal. El que estemos o no ejercitados influye en que una carga se transforme en una sobrecarga. Es imposible determinar lo "estresante" que resulta caminar diez kilómetros: depende de quién deba recorrer ese trecho, de los zapatos que lleve y de lo elevada que sea la temperatura externa. Así pues, una misma tarea puede ser un juego de niños o una sobrecarga. Lo mismo se aplica al estrés laboral. Por esta causa, las fases de iniciación en la vida laboral van unidas con frecuencia a una elevada sensación de esfuerzo, pues todavía se carece de costumbre y experiencia.

Los psicólogos laborales Norbert Semmer e Ivars Udris señalan que el "estilo de percepción y de interpretación" desempeñan un papel determinante en la sensación de esfuerzo. El que una tarea nos dé miedo, que la vivamos como una sobrecarga o como un desafío motivador no depende de la propia tarea. El factor psicológico clave del que depende si el estrés nos enferma o no es nuestra sensación de control. Si nos sentimos víctimas de las circunstancias, avanzamos a duras penas y cada día nos parece una sesión interminable de resolución de problemas, sentimos que hemos perdido el control de la situación.

Percepción del estrés

Pese a todo, el médico Jon Kabat-Zinn, fundador de la famosa Stress Reduction Clinic de Estados Unidos se muestra optimista: "En el gran centro de campo de los estresores se aplica la regla empírica de que el individuo siente estrés —o no— según interprete y se desenvuelva con esos estresores". Esto significa que tenemos que cambiar la forma de ver nuestras tareas cuando estas empiezan a afectarnos. Deberíamos entonces "considerar las cosas desde otro ángulo para no perder la visión general", escribe Kabat-Zinn.

Para poder interpretar una situación es determinante el marco en el que la evaluamos. Y este puede reducirse muy deprisa: en situaciones de estrés una mirada de túnel limita la percepción. Ese tema que está consumiendo tus nervios, ¿es realmente tan decisivo para todo el encargo? ¿Está tu percepción deformada por el perfeccionismo o la idealización? ¿Te estás juzgando de manera realista? ¿Tu cólera modifica en algo los inconvenientes surgidos? ¿Son desproporcionadas tus expectativas sobre una tarea, tus compañeros o clientes? Ya lo indicamos anteriormente: quien cree que debe alcanzar un estado de flujo cada día sufre estrés, pero esto no depende de su carga de trabajo.

Acabar las tareas depende en gran medida de que tengamos a nuestra disposición estrategias de acción. Quienes encuentran un modo de solucionar cada tarea (o una estrategia para encontrar esta solución) experimentarán menos estrés negativo. En este sentido el optimismo no desempeña una función secundaria. Quien se autopercibe como capaz de conseguir algo está más motivado y es más resistente al estrés. *Semmer y Udris señalan que las cargas se sobrellevan mejor cuando son legítimas.* ¿Corresponde la tarea que estás desarrollando a tu puesto, tu sueldo y tus capacidades? Si no es así, sentimos una carga injusta y, acto seguido, que se nos está exigiendo demasiado. En periodos de mucho trabajo o en casos de emergencia tal vez sea necesario trabajar el fin de semana, nadie se quejará por ello o desfallecerá bajo la presión, pero si te toca trabajar cada sábado sin que te paguen o sin una compensación, y ni tu jefe ni tus compañeros lo hacen, esto, indudablemente, influirá en la carga que sientes.

Muchos empleados aceptarán un recorte salarial si saben que con ello salvan la empresa, y si saben que todos están renunciando a algo por igual. Pero si al mismo tiempo el jefe se deja ver al volante de un deportivo nuevo, considerarán que esta petición es una injusticia. Por ello, en la agencia debe dialogarse explícitamente sobre si una carga determinada es o no justa y proporcionada; no es posible adivinar simplemente lo que un aprendiz o un principiante percibirán como un desafío o como una exigencia injusta y abusiva. Y, en cualquier caso, va en interés de la dirección de la empresa que la carga se mantenga dentro del ámbito del estrés productivo. Cualquier otra cosa no producirá rendimientos: los trabajadores agotados y enfermos ni son creativos ni son productivos.

Injusticia y estrés

Una definición poco clara de los roles también supone una fuente oculta de estrés. Por rol se entiende el escenario de expectativas que se depositan en las personas. Para los aprendices, grafistas, diseñadores de la comunicación gráfica, directores de arte, asistentes, mensajeros o clientes o promotores existen "guiones" tácitos, con "indicaciones de dirección" específicas que dan estabilidad a la actividad que se desempeña. No tenemos que decidir constantemente cómo actuar, los roles nos ofrecen una orientación previa. También en la privacidad representamos unos roles. El de hija/hijo, estudiante, padre/madre, cliente de un supermercado, vecino... Por regla general asumimos papeles y los vamos readaptando.

Sin embargo, en los últimos cincuenta años muchos roles han perdido claridad o se han vuelto incluso contradictorios. Esto queda demostrado de forma extrema en el rol de madre: la "madre ama de casa" tiene que justificarse continuamente, pues su rol pequeño burgués de ama de casa resulta anacrónico para muchas personas. Pero es que también se critica a las madres que trabajan (que tienen que trabajar) calificándolas de ambiciosas. Lamentablemente, el guión de la mujer moderna todavía no se ha escrito. "Las nuevas concepciones de los roles son tan distintas que las mujeres se 'queman' cada vez más ante el sinnúmero de expectativas de rol que se depositan en ellas", escribe la psiquiatra Dagmar Ruhwandl. Aunque esto también afecta a los hombres: los tiempos de los tipos duros ya han pasado, pero también se critica a los blandos. Los guiones contradictorios pueden generar una gran presión psíquica. En realidad, ¿qué significa hoy "masculino"?

Precisamente en el ambiente laboral de los sectores creativos los roles pocas veces están claramente definidos. Las jerarquías horizontales (o, directamente, la falta de jerarquía) no aclaran quién es responsable de qué. El simple hecho de tener que estar negociando cada vez y con cada persona cualquier atribución sin importancia cuesta tiempo y nervios. En caso de que algo salga mal, todos, incluso el jefe, se refugian en su pretendida falta de responsabilidad sobre el tema. Muchos sonríen con sorna al ver las estrictas descripciones de los puestos de

Definir los roles

trabajo de los funcionarios, que se resisten cuando tienen que resolver algo que va más allá de sus competencias. No son un buen ejemplo, pero sí el otro extremo. Tal vez sea práctico llegar a un punto medio: deben establecerse unas exigencias mínimas y prácticas de los roles. En caso contrario, cada día hay que volver a decidir quién contesta al teléfono o recibe al mensajero, quién se encarga del correo, va a la imprenta o prepara el café. Unas atribuciones claras —estipuladas entre todos— alivian a todo el mundo. Renunciar a distribuir los roles no solo aumenta el trabajo sino que provoca conflictos. En estos casos chocan las expectativas secretas que cada uno ha puesto en su propio guion.

Cabezazos contra la pared

El teórico de la sociología de sistemas Dirk Baecker proporciona una definición, peculiar pero cercana a la realidad, del estrés como generador de enfermedad: "Lo que provoca estrés no son realmente ni las grandes tareas ni los problemas reales. Se estresa quien no quiere reconocer que se encuentra ante un problema. Y el estrés en sí es el empeño obcecado de resolver una determinada tarea que ya se sabe, o debería saberse, que en ese momento y en esas condiciones no puede resolverse. Uno no ceja. Y cuanto más estresado se está, menos preparado y en disposición de cejar en sus esfuerzos está uno. Un círculo vicioso del que solo parece ser posible salir en dos momentos: al aparecer el primer síntoma o al sufrir el colapso".

Reconocer nuestro límite

La reacción del cuerpo humano al estrés

El estrés no puede evitarse: aparece cuando el cuerpo debe ajustarse a exigencias cambiantes. Solo cuando existe una relación destructiva con este proceso normal, este se convierte en un problema para la salud. Para reconocer pronto el estrés es útil comprender los procesos internos de la respuesta humana a estas situaciones. Nuestro cerebro posee un programa de emergencias que se pone en marcha cuando nos amenaza un peligro —una respuesta de combate o de huida—.

Todo el organismo reacciona de forma radical, tanto física como psíquicamente, ante situaciones de urgencia. Al liberarse las hormonas del estrés, aumenta nuestra capacidad de percepción, las pupilas se dilatan, el corazón late más deprisa y la presión sanguínea se eleva para suministrar energía a los músculos. También se detiene el abastecimiento de sangre al sistema digestivo y de ahí la sensación de desfallecimiento en el estómago cuando estamos agitados. Durante un breve espacio de tiempo, el cansancio, los dolores y los síntomas de enfermedad se mitigan.

El estrés como reacción de emergencia

A lo largo de toda su historia el ser humano ha estado preparado para reaccionar con rapidez a las amenazas. Pero en el mundo laboral contemporáneo los ataques de animales salvajes no son lo más frecuente. Como escribe Kabat-Zinn: "Una gran parte de lo que denominamos estrés se manifiesta debido a 'amenazas' que ya no están dirigidas contra nuestra supervivencia, sino contra nuestro estatus social. Muchas de ellas existen solo en nuestra imaginación". Pese a ello, la carga laboral también puede desencadenar una reacción de combate o huida. Pero puesto que no tenemos realmente que combatir ni que huir, "las hormonas de estrés [...] permanecen en nuestro cuerpo sin utilizar, y ahí, unidas a unos pensamientos y sentimientos sumamente excitados y nocivos, nos causan grandes perjuicios", señala Kabat-Zinn.

A diferencia de lo que sucede ante una amenaza real contra la vida, la energía de que disponemos no se libera, no produce una distensión o desahogo. La reacción ante el estrés queda almacenada en nuestro interior. A la larga esto conduce a importantes trastornos en la salud: contracturas musculares, hipertensión, afecciones del corazón y de la digestión, cefaleas crónicas, dolores de espalda, trastornos del sueño e hiperexcitabilidad. Estos síntomas físicos se convierten en estresores adicionales. El programa de emergencias del cuerpo para un periodo breve se transforma en un estado permanente y esto acaba desembocando en enfermedad.

Estrés... ¿quién? ¿Yo?

La relación destructiva con el estrés es muy frecuente. Esto se debe también a motivos sociales: el trabajo está mal repartido. Mientras se priva a millones de personas de la posibilidad de trabajar y el número de desempleados aumenta, se eleva la carga laboral de ese número decreciente de personas con trabajo. Ambos casos se derivan en consecuencias fatales para la salud. Con frecuencia buscamos una respuesta meramente química para estos problemas estructurales: el alcohol produce un efecto relajante y ansiolítico, la cafeína combate la falta de sueño, la nicotina y el azúcar industrial influyen en el metabolismo.

Para todos los males hay medicamentos que se pueden comprar sin receta. Con ellos conseguimos postergar, en un principio, los problemas de estrés hasta que se nos manifiesta una enfermedad grave. Con respecto al estrés, negar el problema es una respuesta muy habitual. El estrés es cosa de otros, a nosotros todo nos va de maravilla. Kabat-Zinn advierte que los problemas que se niegan tampoco pueden solucionarse. Si los síntomas antes descritos te resultan inquietantemente familiares y acudir al masajista o tomar pastillas para el dolor de cabeza ya forma parte de tu rutina, es necesario tomar conciencia de lo que está ocurriendo. Quizás el lenguaje de tu cuerpo revela lo contrario de lo que tú afirmas. Sufrir estrés no es ni una debilidad ni un problema. Pero reprimirlo tiene consecuencias negativas.

Negación del estrés

Kabat-Zinn también considera la obsesión del trabajo como un medio para sofocar problemas reales. Quien está siempre trabajando no tiene tiempo para otras cosas. Tampoco para sí mismo: un estado que parece convenir a algunas personas. El trabajo sirve entonces sobre todo como pretexto. De forma parecida, un ajetreo absurdo, una forma de hiperactividad, puede impedir cualquier interrupción. Ambos métodos pueden ser efectivos a corto plazo, pero como forma de gestionar el estrés a largo plazo son bombas de relojería.

Cómo gestionar el estrés de manera constructiva

La sensación de que el control se nos escapa de las manos es determinante para detonar un estado enfermizo de estrés. La respuesta radical interna de combate o huida se dispara de forma inconsciente. Pese a ello, es posible controlar este proceso. Kabat-Zinn habla de una acción dirigida contra el estrés. Se trata de recuperar el control interno. Lo más sencillo es aprovechar una de nuestras funciones vitales centrales: la respiración. Los estados de estrés reducen y aceleran la respiración, pero es posible interrumpir esta reacción. "La respiración —y en este caso, sobre todo la respiración abdominal— es sumamente sosegadora. Concentrarse en ella, es decir, respirar conscientemente, aunque sea por un breve lapso, nos proporciona estabilidad y nos recuerda que bajo la agitada superficie de nuestros pensamientos y sentimientos reinan la paz y la tranquilidad", escribe Kabat-Zinn.

Controlar el estrés

Para reconocer a tiempo los estados de estrés y controlarlos son útiles los ejercicios de meditación, respiración y relajación en los que la concentración se dirige hacia la respiración. Practicar estas técnicas de forma regular tiene un importante efecto secundario: en la vida diaria laboral uno puede concentrarse en la respiración e interrumpir los estados de estrés a medida que surjan. De este modo el individuo se distancia de sí mismo y es capaz de observar cómo se enerva y se enfurece. Se distancia de la situación. Quien consigue dar este paso deja pasar la cólera y no se convierte en su víctima.

Semmer y Udris afirman que el estrés nace a causa de la evaluación de una situación que realiza una determinada persona. Y esta evaluación subjetiva es variable. Prestando una atención distinta uno mismo es capaz de cambiar la situación. Suena comprensible. Pero ser consciente de este proceso todavía no resulta de gran ayuda en la vida cotidiana. Quien se ve sometido a un estrés permanente tiene que oponerle resistencia sin cesar y ello requiere un continuo ejercicio. Para poder interpretar una situación de forma diferente hay que salirse de ella. Aprender a hacer esto exige hacer cierto rodeo. Se necesita además un control fuerte de la concentración para conseguir cambiar de perspectiva incluso bajo presión. Para desarrollar esta capacidad son aconsejables el yoga, el taichí o las prácticas de meditación. Estas enseñanzas tradicionales han acumulado siglos de experiencia en la observación del cuerpo, la mente y el espíritu.

Antes de dar por hecho que tú eres demasiado impaciente para que algo de esto funcione, deberías probarlo: inténtalo durante ocho semanas y luego emite tu juicio. En la mayoría de los casos, después de ese tiempo la situación se ha transformado y son pocos los que se rinden. En la clínica del estrés de Jon Kabat-Zinn los pacientes y colaboradores están obligados a participar en clases de yoga y meditación; si se niegan tienen que abandonar la clínica. Allí, los especialistas han descubierto que, a veces, se precisan profundos cambios para recuperar la salud.

Las artes asiáticas son mucho más útiles que los medicamentos o que los libros de autoayuda superficiales. Pero es imprescindible contar con la dirección de un profesional. En el mercado del perfeccionamiento personal hay un montón de charlatanes que prometen lo imposible y que ganan dinero con las calamidades de los demás. Presta atención a la formación académica de los docentes que ofrecen seminarios antiestrés. Además de tener las calificaciones adicionales, han de ser sin falta pedagogos, psicólogos o médicos. Los profesores de yoga deben ser miembros de las asociaciones profesionales correspondientes, las escuelas de meditación, formar parte de las grandes corrientes budistas o cristianas. Con sacerdotes que dirigen ejercicios espirituales o budistas que llevan muchos años de monjes estarás seguro de no ir parar a manos de charlatanes esotéricos.

Ejercitar el control del estrés

La habilidad de controlar el estrés y la sobrecarga no se aprende en poco tiempo. Para conseguirlo has de cambiar fundamentalmente tu conducta y tu percepción. Por desgracia, en la sociedad obsesionada con el rendimiento en la que vivimos no tendrás mucha elección, y como a menudo no podrás librarte del estrés, resulta todavía más importante que aprendas a gestionarlo.

El colapso: el síndrome de desgaste profesional

"Quejarse del estrés y de la sobrecarga en la vida cotidiana y en la profesión a estas alturas resulta de buen tono", afirman los periodistas especializados Sabine Hockling y Jens Findeisen. El estado de emergencia se convierte entonces en un estado permanente. Desde el punto de vista psicológico las formas enfermizas de trabajo son desviaciones del comportamiento normal, es decir, trastornos de conducta.

Por lo general, podemos reconocer estos trastornos con facilidad cuando dejan de respetarse las normas comunes de conducta: por ejemplo, cuando las personas dejan de lavarse, llenan su casa de basura, descuidan a los niños o dejan de ir a trabajar. Sin embargo, cuando se manifiestan en el fenómeno contrario, la exageración en el respeto a estas normas, los trastornos de conducta nos resultan casi invisibles: quien se lava diez veces al día, está limpiando su casa continuamente, mima en exceso a sus hijos o trabaja setenta horas a la semana es considerado, por desgracia, una persona limpia, cuidadosa, previsora o aplicada; en el fondo, sin embargo, también sufre un grave trastorno.

Puesto que el trabajo tiene un significado central en la sociedad del rendimiento, no hay casi nada que nos proteja de las formas enfermizas de trabajo. Es fácil ver que las pilas están gastadas. Culturalmente, los medicamentos, el café, la nicotina y el alcohol son reconocidos estimulantes, pero incluso quien los consume en demasía y con otros objetivos pasa desapercibido. Incluso si cuentan con un entorno social intacto —aunque los candidatos a sufrir el síndrome del "desgaste profesional" a menudo no tienen tiempo para mantenerlo—, con frecuencia este trivializa o incluso alaba las formas nocivas de trabajo.

Formas enfermizas de trabajo

Es probable que aquellas personas para las que lo más importante es el dinero tengan éxito trabajando en exceso durante un tiempo y que, además, consigan elevar sus ingresos. Los símbolos de estatus proporcionan prestigio. Así pues, se dan todas las condiciones para sufrir estrés permanente. Solo hay un límite: la resistencia del organismo humano. Cuando el estrés se detiene, puede aparecer un estado especial de agotamiento, y este es también duradero. "Por desgaste profesional se entiende un agotamiento emocional, físico y psíquico que se prolonga durante un largo espacio de tiempo (seis meses como mínimo)", señalan Findeisen y Hockling.

Cuando llega el "desgaste profesional" la pila no solo está gastada sino que está rota y es imposible recargarla con los medios normales. Los estados de desgaste van a veces vinculados a la frustración, la desesperación, el aislamiento, la ansiedad y las depresiones. Después de unas vacaciones normales ese estado no se ha solucionado. Cuando en nuestra vida cotidiana utilizamos los términos "quemado" o "depresión" para designar una fatiga habitual los estamos trivializando.

Señales y síntomas

El cuerpo envía muchas señales que anuncian la sobrecarga. Dolores de cabeza y de espalda, manos temblorosas, irritabilidad y falta de concentración, e incluso tartamudeo. Una sensación continuada de sobreesfuerzo produce un sinnúmero de reacciones psicosomáticas. El debilitamiento del sistema inmunológico, sufrir pitidos en el oído, problemas de insomnio, malestar, cefaleas, trastornos del corazón o de la respiración, pulso acelerado, alta presión sanguínea, úlceras de estómago, trastornos digestivos continuados, problemas sexuales, trastornos alimentarios o un consumo elevado del alcohol o las drogas son señales inequívocas de agotamiento cuando no existen otras causas orgánicas. El médico de cabecera tratará todos estos síntomas y conseguirá aliviarlos temporalmente. Sin embargo, de esta manera encubre la causa. "De este modo, la raíz del problema no puede, naturalmente, combatirse", advierten Findeisen y Hockling.

Reacciones psicosomáticas al estrés

Camino del colapso

Distintos autores han descrito mediante un modelo de fases el proceso por el que se llega al desgaste profesional. Para la psicóloga y jurista suiza Ruth Enzler Denzler, en la primera fase se manifiesta una euforia desmedida y una entrega excesiva al trabajo. La sensación de que pueden moverse montañas. Estamos muy motivados y nos metemos de lleno en nuestra actividad: "Llaman la atención no solo las largas horas de trabajo, sino el compromiso de solucionar todo lo posible o todo uno mismo". Nuestro entorno lo observa y reacciona de inmediato: nos pasan más tareas, los compañeros se convierten enseguida en vampiros de tiempo y los superiores alaban nuestro compromiso y se acostumbran a ese nivel de entrega.

La fase de la entrega

Los afectados se perciben a sí mismos como si estuvieran "resistiendo inmutables en medio de la tormenta" o como "salvadores del mundo", según Enzler Denzler, y creen que deben responder sin cesar a esa demanda excesiva. Volver a la medida normal significa perder reconocimiento; pero no desean mostrar ni debilidad ni provocar decepción. Ya en esta primera fase surgen conflictos en la vida privada: el individuo cada vez se queda más tiempo en el despacho, se disculpa cada vez más y esto no sucede sin que surjan las críticas. En la fase eufórica percibimos la vida privada como un engorro.

La segunda fase es la del desaliento: "No se produce el gran aplauso. El reconocimiento no es tan entusiasta como uno había esperado", señala Enzler Denzler. De repente surge la desconfianza. Crees que los demás no tienen en cuenta que trabajas mucho más. Te tomas mal que los demás se vayan puntualmente a casa. Aparecen los primeros descuidos y también los conflictos sociales. La motivación disminuye; tienes que reaccionar, pero ¿cómo? ¡Trabajando todavía más! Crees que no has cumplido las expectativas —que no conoces de manera explícita—. Aparece la frustración. Te distancias del trabajo, se reduce el compromiso. Las reacciones no se hacen esperar. En la tercera fase, poco a poco los compañeros de trabajo y los superiores se van convirtiendo en tus enemigos; te sientes insatisfecho y sales en busca de culpables. "En estas ocasiones el cinismo no solo se dirige contra el exterior, sino también contra el interior, contra la misma persona", escribe Enzler Denzler. La percepción se vuelve negativa: por todas partes aparecen errores, faltas y motivos de disgusto. Estás agobiado e irritado.

Creas una atmósfera en la que ni tú mismo aguantas. Surgen problemas de concentración, cada vez se producen más errores. Los problemas aumentan. "El afectado intenta con todas sus fuerzas concentrarse en el trabajo y para ello invierte incontables horas extra." Como el entorno social ya lleva tiempo descuidado, surge también la inseguridad emocional. No solo te sientes solo, a esas alturas la mayoría de tus conocidos también "te dejan en paz". Alcanzada esta fase, en este estado es precisa la ayuda de un profesional. Los medicamentos ya no resuelven los problemas surgidos. Se acude a un terapeuta para no enfermar.

En la quinta fase se presenta la apatía emocional. "Muchos describen este estado como una niebla que va envolviéndolo de forma paulatina a uno. La distancia con el mundo real aumenta. Cosas que antes eran objeto de alegría carecen ahora de importancia. Los intereses disminuyen. En su lugar aparece la depresión", escribe Enzler Denzler. Pensamientos obsesivos, pérdida de confianza en uno mismo, estados de angustia y pérdida de control son problemas psíquicos graves. Este estado ya no pasa desapercibido por el entorno. Ya no eres tú mismo, sino solo una envoltura física. En el tratamiento psiquiátrico suelen ser necesarios psicofármacos durante una primera intervención.

La fase depresiva

Ahora el cuerpo reacciona de forma mucho más evidente. Aparecen importantes trastornos psicosomáticos. No siempre se considera que el estrés sea el desencadenante de reacciones somáticas. Muchos se aferran a causas físicas, creen que están enfermos del corazón o del estómago y emprenden una odisea de visitas a médicos. Se acude a especialistas de todo tipo, excepto a un psiquiatra que reconozca el desgaste y pueda tratarlo correctamente. Por desgracia, el arte del diagnóstico no está muy depurado entre los médicos de cabecera:

Las enfermedades producidas por la angustia, el *desgaste profesional* y el estrés todavía se diagnostican demasiado tarde y se tratan demasiado tiempo con los medicamentos inadecuados. "En personas con trastornos de pánico suelen tardarse como media tres años y medio desde los primeros síntomas hasta el diagnóstico correcto", escribe el médico y psicólogo Borwin Bandelow en *Angstbuch* ["Sobre el miedo"]. Este peligro también existe cuando se producen los síntomas de desgaste. En esta penúltima fase son necesarios (con frecuencia) medicamentos estabilizadores psíquicos y es obligatoria la asistencia terapéutica.

Al final se producen el colapso y la desesperación. El estadio final del desgaste profesional significa la incapacidad total laboral y vital. No aparecen ni la rabia ni la tristeza, únicamente una completa apatía emocional: ya no se siente ninguna emoción. "En esta fase, hay circunstancias en las que al afectado le amenaza el peligro de muerte. Es posible que se cometan actos suicidas", escribe Enzler Denzler. (La crisis económica ha llevado a los titulares los casos de suicidio de altos ejecutivos.) En esta fase, el desgaste apenas se distingue de las depresiones graves. El colapso físico total y la estancia en una clínica son drásticos pero, con frecuencia, salvan la vida. El camino hacia la clínica es largo, el proceso de "quemarse" es pernicioso y suele durar años. "Con frecuencia resulta inevitable retirarse por incapacidad laboral, despido o prejubilación", señala la psiquiatra Dagmar Ruhwandl. No es que haya que cargar la pila, sino que hay que repararla para que vuelva a funcionar. Para ello suelen necesitarse muchos meses de medicación y de terapia psicológica. Tras un colapso hay que volver a aprender a vivir y luego, muy lentamente, a trabajar.

El colapso

Mujeres al borde de un ataque de nervios

Hombres y mujeres están sometidos a grandes cargas en la vida laboral, pero habitualmente responden a factores diferentes. Ambos viven y trabajan de distinta forma. Las mujeres se enfrentan, en la profesión y en la vida privada, a desafíos mayores y en peores condiciones marco. Por ejemplo, aún hay pocas ejecutivas y líderes políticas, de ahí que las mujeres con frecuencia carezcan de modelos que las motiven o sirvan de orientación. Es sabido que los salarios de las mujeres, de media, son inferiores, tienen menos pensiones y menos reconocimiento. Las atribuciones para las tareas sociales y la educación de los hijos siguen siendo, por regla general, cosa de mujeres. La infraestructura para el cuidado hijos es, pese a los lentos avances, todavía mínima, y todo ello se mantiene a costa de las madres.

Tampoco el feminismo institucional de las mujeres alfa ha transformado en nada esos problemas estructurales. Dar por hecho que todo esto es únicamente un asunto privado, una cuestión de actitud y adaptación desvía la atención de lo que es un incumplimiento del deber político. Incluso el hecho de que cada vez más mujeres trabajen está solo en parte vinculado a unos derechos arduamente ganados. La mayoría de los licenciados universitarios apenas pueden alimentar a una familia con un solo trabajo. Las mujeres tienen que trabajar, aunque las condiciones marco sigan siendo malas. Para la mayoría de las mujeres el trabajo no es una elección libre.

La psiquiatra Dagmar Ruhwandl, una especialista de primer orden del síndrome de desgaste profesional, señala las diferencias en las expectativas medias para ambos géneros: "Los hombres prefieren brillar con su propio trabajo, se queman cuando este trabajo no es reconocido o apreciado. Las mujeres valoran más el ambiente cordial y una buena colaboración en el equipo. Así pues, se queman cuando no pueden resolver las tensiones con los compañeros o colaboradores", escribe en su *Burnout-Buch für Frauen* ["El libro sobre el desgaste profesional para mujeres"].

Desde un punto de vista social, cada vez se ven más mujeres entrenadas para los papeles de asistente. Precisamente en la publicidad, la televisión y el cine estamos volviendo a vivir en los últimos años un patrón de roles estereotipado y digno de la prehistoria. Los hombres se concentran en las tareas visibles, tienen miedo de perder el poder. A las mujeres con frecuencia les resulta indiferente —¡por suerte!— representar el papel del gallo del corral,

Roles estereotipados

se concentran en los contenidos. Sin embargo, esto, junto con una actitud en general más social, conduce a realizar esfuerzos todavía mayores en la profesión. Ya desde una perspectiva biológica las mujeres son claramente menos sensibles al dolor que los hombres, así que tienen mayor capacidad para sufrir en el trabajo. Dagmar Ruhwandl distingue mucho más claramente la incapacidad para aceptarse como seres limitados en las mujeres con riesgo a sufrir desgaste profesional que en los hombres. Señala tres cuestiones específicamente femeninas: el reconocimiento de los límites, la capacidad de regenerarse y de delegar.

"Entre las afectadas por el agotamiento o desgaste nunca se ha visto como algo deseable establecer límites ya en el ámbito familiar, es algo que nunca se ha aceptado o que simplemente se ha ignorado", escribe Ruhwandl. La mala conciencia al establecer límites a los demás se prolonga en la profesión. De forma diferente que en la vida privada. En la profesión los límites se estipulan con compañeros, jefes y clientes; en casa con la pareja y los niños, y por último, con los padres y los amigos. A quien le cuesta poner límites se le ataca por todos los flancos a la vez; y este es justamente el modo en que puede describirse la situación de mujeres siempre sobrecargadas de tareas. Si bien las intrusiones proceden del exterior, muchas mujeres se culpan a sí mismas de su situación.

Por añadidura, hay otro factor de angustia extendido entre las mujeres: "Trazar fronteras tiene mucho que ver con el perfeccionismo. La mayoría de las mujeres que se queman forman parte de las mejores en su especialidad, pero no se dan por satisfechas con lo que hacen", señala Ruhwandl. Así pues, las mujeres no solo tienen que compatibilizar la profesión y la familia, sino que además quieren ser profesionales perfectas, madres perfectas y esposas perfectas. La obsesión por la belleza también se impone con más fuerza a las mujeres: una imagen perfecta, estar muy delgadas y sanas, ser deportistas y atractivas a todas las edades.

Perfeccionismo y estrés

"Hoy las mujeres lo pueden todo —apunta Christiane Zschirnt en su *Plädoyer für eine gelassene Weiblichkeit* [En defensa de una feminidad serena]—, gobernar, consolar, dirigir, cocinar, decidir, amar, tener las mejores notas en la carrera y ganar el campeonato mundial de fútbol. Todo a la vez. Y eso aún estando descontentas con sus cuerpos". A la carga laboral y la administración de la familia se unen el hambre, el culto al cuerpo y, en el peor de los casos, las operaciones de estética. Es evidente que este catálogo de requisitos es absurdo. Sin embargo, muchos de estos valores superficiales se encuentran fuertemente anclados en la psique. Las realidades que presentan los medios de comunicación, entre las que crecemos, dejan huella. Pero no deberíamos darnos por satisfechos con los papeles preestablecidos de masculinidad ni de feminidad.

Es evidente que las perfeccionistas delegan de mala gana. Solo ellas se creen capaces de hacerlo todo a la perfección y con rapidez. Pero quien no se desprende de nada pronto colapsa bajo todo el peso. Cuando a un estrés laboral inmenso se suma un estrés inmenso con los hijos, es imposible una regeneración. Tras diez horas de trabajo y cuatro con el niño todavía quedan tareas domésticas y muy pocas horas de sueño. Dagmar Ruhwandl describe con concisión el largo camino de aprendizaje que deben recorrer las mujeres amenazadas por el desgaste o agotamiento. "Sentir los límites. Reconocer los límites. Definir y fijar los límites. Comunicar los límites. Mantener y reafirmar los límites. Percatarse de cuándo se agotan las fuerzas."

Establecer límites

La autoexplotación se ajusta al bonito panorama del nuevo mundo laboral, que a su vez obtiene ventajas de ella. Las mujeres jóvenes que se desgastan en el ámbito de las agencias y los estudios son mano de obra barata. La incapacidad de percibir las propias necesidades tiene orígenes en la propia historia personal. Las que ya han sido sus víctimas apenas logran cambiar patrones de conducta profundamente arraigados psicológicamente sin recurrir a la ayuda profesional. Cuanto antes se descubra el peligro del desgaste más fácil será tomar medidas. Para evitar enfermedades más graves es aconsejable acudir a un terapeuta.

Actuar de inmediato y prevenir

Sabine Hockling y Jens Findeisen proporcionan algunos consejos prácticos para protegernos de las sobrecargas del estrés a largo plazo. Contra la sensación de pérdida de control ayuda poner orden: ordena tu escritorio. Planifica tu día y no te limites a lanzarte a trabajar. La clave para mantener la energía son los descansos bien calculados. En el nuevo mundo laboral, los descansos dependen de nuestra propia planificación. En caso de urgencia ponte un despertador que suene a las 10.30, 12.00, 15.30 y 17.00. Planifica exactamente cómo debe ser el descanso. Tienes que levantarte sin falta y dejar el escritorio. Es importante realizar alguna actividad totalmente distinta durante cinco o diez minutos.

Tómate tu tiempo para comer. La comida regular y sana protege nuestro sistema inmunológico y nos garantiza calidad de vida. No solo existe el trabajo: "resérvate de dos a tres tardes fijas a la semana", aconsejan los autores, para no trabajar. Hacer deporte, tener aficiones, la pareja, los amigos o los hijos te ayudarán a pensar en otras cosas. Aunque los niños pueden ser agotadores, ¡son tus hijos, no una carga! Quien se ocupa de los hijos tiene una protección segura contra la deformación profesional. Debes tomarte *el tiempo de relajación y equilibrio como una ofensiva que te sirva para protegerte del ataque del mundo laboral.* El descanso puede realizarse de dos maneras. Holgazanear, escuchar música o dormir forman parte del descanso pasivo. El descanso activo lo brindan los paseos, la natación, ir en bicicleta, el teatro, el cine, el yoga, la meditación o los viajes. Los dos tipos forman parte de la vida y no hay motivo para sentir remordimientos. Si tu trabajo te impide descansar, es que algo no funciona como debiera. Hockling y Findeisen ofrecen un simple consejo: ¡Expresa tu parecer! Las personas debería hablar sobre sus emociones, y las mujeres afirmar sus límites. Pero para ambas cosas es imprescindible comunicarse verbalmente. Despréndete de lo que te importa. Negocia tus necesidades.

Tiempo de no trabajo

La banalización del desgaste profesional

Hace cincuenta años ya había personas extenuadas por el trabajo, pero todavía no existía el síndrome de desgaste profesional. Sin embargo, ahora estamos más sanos, mejor formados y contamos con ayuda digital…, por tanto, tendríamos que resistir el trabajo como si nada. Las causas del aumento de enfermedades psíquicas graves debidas al trabajo no tienen que ver con las capacidades o los recursos de los individuos. Personalmente no podemos influir directamente sobre el hecho de que las exigencias y cargas del mundo laboral sean cada vez más drásticas, esta es la evolución del capitalismo flexible.

Pero el sistema económico no se pone enfermo, quienes enferman son únicamente los individuos. Y, así, el problema se delega a médicos y terapeutas. Algunos autores consideran que es engañoso curar a personas enfermas y totalmente agotadas. Los psicoterapeutas Michael Marwitz y Andreas Hiller escriben al respecto en su libro *Die Burnout Epidemie* ["La epidemia del síndrome de desgaste profesional"]. Aunque las exigencias sean ilegítimas se actúa como si fuera el individuo el que dejara de funcionar y tuviera que ser reparado. Para conseguir resistir la vida laboral de forma sana debemos asistir a cursos, estudiar manuales, necesitamos ayuda psicológica y médica, y para ello gastamos nuestro dinero y sacrificamos nuestro tiempo libre.

El desgaste profesional: enfermedad social

En su libro sobre *Die Kust der Selbsausbeutung* ["El arte de la autoexplotación"], el sociólogo Jakob Schrenk destaca lo siguiente: El término "desgaste profesional" es una banalización que vuelca sobre las espaldas del individuo Las enormes exigencias y cargas del nuevo mundo laboral. Cada vez se trabaja más por salarios inferiores. Las condiciones de empleo cada vez son más precarias, el trabajo ha invadido los fines de semana, el tiempo libre y hasta el propio cuerpo. El tiempo libre se invierte en ponerse en forma para el trabajo. Los hombres y mujeres preferirían tener más tiempo libre para disfrutar de sus hijos o realizar tareas no retribuidas, pero la libertad que se les concede es solo aparente.

A muchos universitarios les gustaría tener hijos, pero la permanente inseguridad económica y la falta de guarderías se lo impiden. Los niños están cada vez más sometidos a presión para que rindan en la escuela, también ellos sufren una sobrecarga de quehaceres y tienen una agenda repleta de obligaciones. Toda la vida está hoy al servicio del trabajo retribuido. Somos "desempleados en libertad condicional", como lo denomina Schrenk. Perder el trabajo provoca sufrimientos psíquicos y físicos. Quienes nos contratan pueden infundirnos miedo a propósito. El factor que provoca el trabajo desmedido no es en absoluto (solo) el ansia de prestigio, sino un miedo fundado al abismo. El fenómeno de las personas quemadas por el trabajo nos lleva a plantearnos cuestiones sociales: ¿Se corresponde hoy el mercado laboral a las necesidades del ser humano? ¿Asegura la existencia de los trabajadores o los enferma cada vez más?

La invasión de la vida por el trabajo

CAPÍTULO 6

NO TRABAJAR NADA

¿Cuándo terminas?

Las alegrías y las penas laborales no se quedan en el despacho. De ahí que los psicólogos laborales también se interesen por el tiempo de ocio. Damos por hecho que todos deseamos tener más tiempo de ocio, pero esto es falso. Solo quienes trabajan demasiado aspiran a tener tiempo para descansar. Quien ha perdido su empleo dispone de un tiempo desocupado que le viene impuesto, pero esto ya no es tiempo de ocio. El concepto de tiempo libre solo existe para quienes disponen de un trabajo remunerado.

Tiempo de trabajo y tiempo de ocio

Tampoco los jubilados, tras toda una vida reglamentada por el trabajo retribuido, han adquirido siempre la capacidad para administrar su tiempo libre. En Japón los suicidios aumentan tras la jubilación porque muchas personas no tienen intereses y pasatiempos más allá del trabajo. El tiempo libre no es bien recibido por todos, para algunos supone incluso una maldición. El filósofo Günther Anders, que creía que las personas iban a utilizar su tiempo de ocio de forma activa y comprometida, quedó decepcionado por sus observaciones en este terreno. La sociedad del tiempo libre se plegó al siguiente dictado: "¡Sobre el trasero te sentarás y con la boca abierta la televisión mirarás!".

En su relación con el tiempo libre, los estudiantes suelen tener mala conciencia y desarrollar una imagen negativa de sí mismos. Esto responde a una simple razón psicológica: estudiar no está clasificado claramente como un trabajo, pero tampoco forma parte del tiempo de ocio. Los estudiantes, por regla general, tienen que cumplir treinta horas de estudio a la semana por semestre. Sin embargo, suelen trabajar veinte horas más adicionales para ganar dinero. De hecho, muchos estudiantes se sitúan claramente, en lo que a horas de trabajo semanales se refiere, por encima de los asalariados normales que tanto gruñen acera de lo holgazanes y privilegiados que son los estudiantes.

Esta situación laboral algo difusa también afecta a algunos creativos: quienes trabajan en casa o tienen jornada reducida se ven con frecuencia obligados a justificarse. Pese a que cada vez se generalizan más nuevas formas de trabajo, todavía seguimos patrones de percepción muy antiguos. Es como si el trabajo se desarrollara entre las nueve y las cinco. Pero dado que esta regla ya no sirve, al menos para los creativos, el tiempo libre se convierte en un problema.

La relación con el trabajo y el ocio	El trabajo profesional adquiere distinta relevancia para cada persona. El psicólogo laboral Martin Stengel ha distinguido tres grupos a este respecto. Por un lado los que solo quieren hacer carrera: para ellos el trabajo y los ingresos que este reporta son el punto central de la vida. A él subordinan los demás ámbitos, incluido el familiar. Sirva como ejemplo el típico directivo con sus símbolos de estatus y sus patrones de consumo de ostentación. Por otro lado están quienes prefieren tener tiempo de ocio y van a trabajar con el objetivo de ganar el dinero suficiente para financiar sus intereses privados. Para estos es más importante el compañerismo y el cumplimiento estricto de los horarios de la jornada laboral. Su concepto de bienestar es el lujo de tener tiempo y el dinero no desempeña para ellos el papel más importante.

Existe otro grupo, el de los alternativos comprometidos, que moviliza mucha fuerza de trabajo, pero no con motivos económicos, sino, por ejemplo, en beneficio de organizaciones no gubernamentales y más allá de su orientación profesional. Probablemente, los diseñadores constituyen un grupo intermedio o mixto entre este compromiso alternativo y la actitud de quienes priorizan hacer carrera. Trabajan mucho, pero habitualmente no por una remuneración elevada.

Entienden su trabajo como una intervención creativa en el mundo y, por ejemplo, en el diseño ecológico lo unen a la defensa de valores sostenibles. Algunos combinan el trabajo remunerado en el diseño con una tarea artística, poco o nada remunerada. Los autónomos trabajan mucho, pero suelen hacerlo de buen grado: "Quien disfruta del privilegio de realizar actividades variadas con un amplio margen de acción siente más satisfacción en el trabajo", escribe Stengel.

Con respecto al trabajo, el tiempo libre puede desempeñar distintas funciones. En primer lugar, podemos (y debemos) recuperarnos del tiempo de trabajo. El nivel de estrés desciende y el cuerpo se repone de estar todo el día sentado o de la agitación de un viaje de trabajo. Hasta podemos dedicar nuestro tiempo libre a la misma actividad que ya realizamos profesionalmente pero sin someternos a las normas de los clientes o de los superiores. Diseñar unas tarjetas de visita propias o nuestra página web, una invitación de boda para unos amigos, dibujar cómics, hacer caligrafía o el trabajo artístico son actividades de las que disfrutan muchas personas en su tiempo de esparcimiento. Están sentados en el escritorio de casa (o incluso en la oficina instalada en el domicilio) pero siguen su propia motivación e intereses.

Con tal de que después de nueve horas de trabajo profesional no pases las siguiente nueve horas "trabajando en el tiempo libre" en la misma silla de despacho, esta forma de ocupar el tiempo de ocio no representa ningún problema. El tiempo libre también ofrece una compensación cuando se hace algo totalmente distinto. Quien está todo el día delante de la pantalla del ordenador prefiere pasar la tarde en un bar, paseando en bicicleta o en el cine, leyendo un libro, escuchando música o con los amigos o la familia. Quien por razones laborales está forzado a trabajar en equipo, disfruta de estar solo o ilocalizable por teléfono.

El tiempo libre tampoco debería estar determinado por listas de cosas que hacer, agendas ni resultados. El tiempo libre renuncia a calendarios y relojes, a medir rendimientos y a pagas. Muchas personas son víctimas durante el trabajo de la presión externa, y en el tiempo libre víctimas de la

¡El tiempo es libre!

obligación interna de rendir. Joseph Beuys formuló esta consigna: "¡Libertad en lugar de tiempo libre!". Si el programa de entrenamiento para el próximo maratón te ata más que la agenda de la agencia, es que estás huyendo de algo. Probablemente de la conciencia de estar sobrecargado... por lo que sea.

La incapacidad para estar ocioso

¿Puedes pasar dos horas enteras sin hacer nada? ¿Sin medios de comunicación ni dispositivos digitales, ni la compañía de otras personas y sin drogas? ¿Sin tener mala conciencia? En la sociedad del rendimiento, esto no es fácil. Por todas partes aprieta la presión social, la ambición y también el miedo para insistirnos en que siempre hay algo que hacer, algo que resolver, leer, aprender, planificar, ordenar, comprar, ahorrar o ver.

En estos momentos se está escribiendo, emitiendo o hablando en millones de sitios de Internet y canales de televisión y de radio. Son incontables los museos, revistas especializadas, librerías y bibliotecas donde encontrar estímulos importantes para el trabajo. Solo puedes permitirte dedicarte a ellos en tus horas libres. ¡Y te los estás perdiendo! Los medios de comunicación, tanto los viejos como los nuevos, tienen un efecto de succión increíblemente grande para los creativos y se aseguran de que algunas personas sean incapaces de alcanzar la tranquilidad. Muchas personas también evitan estar solas y, por eso, nunca encuentran sosiego. Dependen tanto del constante reconocimiento social que cuando están solos únicamente les queda el miedo. Sin embargo, este comportamiento bloquea la evolución personal. "La capacidad de estar solos es [...] una condición para la libertad, para cambiar de forma de pensar mediante la reflexión", señala Rolf Haubl, director del Instituto Sigmund Freud de Frankfurt.

El derecho al ocio

El tiempo libre no es solo lo que queda cuando se descuenta el tiempo de trabajo. No es un "tiempo de sobra" al servicio del trabajo. ¿Cómo es posible que tengamos mala conciencia por sentir pereza? En la Antigüedad solo trabajaban los esclavos y, probablemente, las mujeres. Aristóteles decía: "El trabajo y la virtud se excluyen uno al otro". Solo la ociosidad eleva al ser humano por encima del animal. Quien no tenía que trabajar podía dedicarse a asuntos cultivados: política, filosofía o arte. En la Edad Media el trabajo tenía aún un valor neutro: debía hacerse lo mínimo y más urgente para dedicarse luego a hacer algo razonable, por ejemplo nada.

Por desgracia, Martín Lutero acabó con ese estado paradisiaco. Introdujo en el mundo la idea de que el trabajo era una especie de servicio divino y que la pereza era pecado. La profesión se convirtió en *vocación*. De esto se valieron los filósofos moralistas, vendedores e inventores de refranes, y hasta hoy siguen defendiendo que la pereza es la madre de todos los vicios. Así pues, solo hace quinientos años desde que empezamos a sentir mala conciencia cuando no trabajamos aunque tengamos todo hecho. En la cultura cristiana la pereza es uno de los siete pecados capitales. En Asia, el budismo zen eleva el trabajo diario a una forma de meditación. Esto tal vez sea así en un monasterio, pero fuera de él, Lutero y los maestros del zen nos trajeron la desgracia.

"En Japón cada año mueren unos veinte mil empleados a causa del *karoshi*, la muerte por exceso de trabajo, o el *karojisatsu*, el suicidio por estrés laboral", escribe el sociólogo Jakob Schrenk. Esta relación inclemente con el trabajo, sobrecargada de connotaciones religiosas y morales, ha destruido en gran parte nuestra capacidad para estar ociosos. Y el número de enfermedades psíquicas que están provocadas por el estrés sigue en aumento. Pero no hacer nada y disfrutar de ello forma parte de la libertad. "No hagas nada y todo estará hecho", son palabras que se atribuyen al filósofo Lao Tsé. La ociosidad forma parte del arte de vivir. Tras pasar muchos años trabajando a menudo nos cuesta entenderlo y debemos reaprenderlo. ¿Pero cómo? Es fácil coger y difícil soltar. Wolfgang Schneider escribe en su estimulante *Enzyclopädie der Faulheit* ["Enciclopedia de la pereza"]: "En todas las lenguas europeas la palabra trabajo se deriva de fatiga, plaga, tortura y necesidad". Incluso si el trabajo nos satisface, no tenemos que supeditarle toda nuestra vida o todo nuestro tiempo libre.

Capacidad de entregarse al ocio

El mito del equilibrio trabajo-vida

Tanto entre los libros de desarrollo profesional como en Internet encontramos la bienintencionada recomendación de equilibrar la vida personal y el trabajo. Puesto que el trabajo cada vez nos exige más, la vida privada tiene que defenderse con mayor habilidad. Sin embargo, Eberhard Ulich, uno de los psicólogos laborales más importantes, rechaza el concepto de "equilibrio trabajo-vida", pues ya la denominación induce a error. "Parte de la fatal conclusión de que se trata de [...] equilibrar el trabajo y la vida. Pero, en primer lugar, el trabajo es un componente central de la vida [...] y en segundo lugar se dan muchas formas de trabajo también fuera del trabajo retribuido", escribe Ulich.

El concepto dominante en el espíritu de la época es totalmente inapropiado para los creativos. Para ellos la creatividad es una forma de vida, ¿cómo separar entonces trabajo y vida? Los trabajadores que en su tiempo libre se dedican al arte trabajan: durante su tiempo libre y en su profesión. Este trabajo se compensa a sí mismo, se realiza por razones internas. Ulich aconseja reflexionar sobre la relación entre el trabajo retribuido y el desafío de otras áreas de la vida. Las distintas esferas se equilibran cuando, junto con el trabajo, ya sea retribuido o no, puede desempeñarse una responsabilidad social.

> Creatividad, trabajo y vida

Tanto durante el horario de trabajo como fuera de él es preciso alternar entre la tensión a la distensión, y no pasar del puro estrés continuo durante el trabajo a la total pasividad en el tiempo libre. Los vecinos, los amigos, la familia, los hijos, la ciudad en la que vivimos, hasta la democracia que no nos viene dada por defecto... todos esos ámbitos necesitan una atención y un esfuerzo no remunerado de nuestra parte. Cuando todo salvo el trabajo retribuido se convierte en un fastidio, el equilibrio existencial se pierde.

La cultura depende del trabajo. Sin embargo, en una sociedad en la que todo está "orientado hacia el rendimiento" la vida se convierte en un tormento. Los adictos al trabajo olvidan, en su mayoría, para qué trabajan. Y por desgracia reflejan las consecuencias de su falta de cultura laboral. El trabajo sin tiempo libre destruye la cultura. El trabajo que no nos satisface no es solo un peligro: levantamos barreras contra él por naturaleza. Por el contrario, cuando el trabajo nos gusta no establecemos límites. Sea como fuere, el trabajo debería terminar al borde de la cama. No trabajar significa dormir bien.

El mundo insomne

Wir schlafen nicht ["Nosotros no dormimos"] es el título que la autora Kathrin Röggla ha puesto a una novela confeccionada a partir de entrevistas con dementes. Pero, en este caso, los locos son consultores, profesionales del *coaching*, programadores, redactores digitales o trabajadores en prácticas, es decir, extremistas del mundo del trabajo "totalmente normales". Uno de ellos, un "directivo sénior", sueña con no necesitar más que una hora de sueño, pero, por desgracia, necesita tres por noche. Pese a ello conoce a una persona que consigue dormir solo una. El resto es trabajo. La novela describe un mundo laboral insomne en el que una necesidad natural se ha convertido en el enemigo.

También en los ambientes laborales creativos, e incluso durante los estudios, hay una tendencia a trabajar de noche. Para los investigadores del sueño todo esto es una pesadilla. Los postulados de médicos y psicólogos van precisamente en el sentido contrario: ¡Necesitamos dormir más! Peter Spork escribe: "Necesitamos una nueva cultura del descanso. Los breves periodos de desconexión, de una a dos horas, no deberían prohibirse sino fomentarse. Quien hace una pausa, duerme un poco, sale a tomar el aire y a la luz del día tendría que ser apoyado y no escarnecido".

El sueño como necesidad

En los últimos cien años, desde que se inventó la luz eléctrica, se ha reducido la media de horas de sueño. Este cambio cultural repercute en el cuerpo. El sueño es una necesidad básica. Al igual que la alimentación, solo podemos renunciar a él durante cortos periodos de tiempo. La privación del sueño sistemática es un método de tortura y desemboca en reacciones psíquicas y físicas radicales.

Los investigadores diferencian entre la percepción subjetiva del cansancio y la necesidad objetiva de sueño. En las pruebas de rendimiento se demuestra que "las personas agotadas [...] se consideran en forma incluso si acaban de dar unos resultados muy malos", señala el periodista científico Peter Spork en su *Das Schlafbuch*. Así pues, la sensación de cansancio no aumenta tanto como baja la capacidad de rendimiento.

Este fenómeno es comparable al del consumo de alcohol. La mayoría de las personas creen que solo se debería conducir estando sobrio, pero después de un par de cervezas todos están seguros de que ellos mismos sí son capaces de conducir. A eso se añade algo más: "Tras veinticuatro horas de privación de sueño nuestros tiempos de reacción bajan a valores que solo alcanzamos con ciertos niveles de alcohol en la sangre", escribe Spork. El alcohol real se suma a la falta de sueño. No hay que confiar, pues, en la percepción. Es probable que no seas consciente de si has dormido demasiado poco y que estés desperdiciando una parte de su capacidad de rendimiento.

Pese a que existen ciertas diferencias en el número de horas, los investigadores recomiendan dormir cada día ocho horas. Dormir poco conduce lentamente a la falta de sueño. "Las personas que duermen demasiado poco durante mucho tiempo, es decir, sufren de falta de sueño crónica, muestran al final los mismos síntomas que las personas que no han podido dormir durante una o dos noches", afirma Spork. Tú mismo debes comprobar cuántas horas necesitas dormir. La prueba es fácil: quien ha dormido lo suficiente se despierta sin despertador. Para algunas personas ocho horas son excesivas, para otras, son demasiado pocas. Se suele dormir poco, y dormir demasiado poco tiene consecuencias claramente negativas.

El sueño tiene la función de fijar impresiones físicas, anímicas y mentales. Restablece el orden en el organismo. Dormir favorece los procesos de aprendizaje, la memoria y actúa sobre el sistema inmunológico. Peter Spork resume de forma concisa las últimas conclusiones de las actuales investigaciones sobre el sueño. "El resultado es terrorífico: la falta de sueño atonta; y ni siquiera nos damos cuenta." Y para los yonquis

¿Cuánto necesitas dormir tú?

de la belleza: la falta de sueño engorda. Repercute en el metabolismo y en el sistema hormonal, acelera el proceso de envejecimiento y obstaculiza la "renovación general" del cuerpo. Los médicos se refieren al síndrome metabólico: "Los afectados están demasiado gordos, tienen valores muy elevados de grasa en la sangre, la mayoría padecen hipertensión y tienden a sufrir diabetes", señala Spork. Como con la falta de sueño se producen menos hormonas de crecimiento se dificultan los procesos de regeneración corporal. Todo esto significa que la falta de sueño enferma. Según ha quedado comprobado, las personas que no duermen lo suficiente enferman con mayor frecuencia porque su sistema inmunológico apenas es capaz de combatir un simple resfriado.

Los médicos, pero también nosotros mismos, nos centramos en los síntomas. Quien pesa demasiado come menos; quien sufre dolores de cabeza toma pastillas; quien tiene contracturas va a un masajista. Quien está cansado bebe café. Hasta los investigadores del sueño aprecian su efecto estimulante: el café no tiene una mala imagen. (Incluso cuando el té verde y el negro estimulan igual pero obran, por lo general, un efecto más saludable.) En cualquier caso, el café no debería hacer más soportable la falta de sueño. En lugar de combatir los síntomas sería más razonable pensar en las causas de esos trastornos. Los medicamentos actúan, pero no ayudan. Tomar diez tazas de café al día nos mantiene despiertos, pero no soluciona la falta de sueño y además dificultan el sueño nocturno. Una falta de sueño acumulada lentamente nos hace más sensibles al estrés. De ahí que Peter Spork señale que el síndrome de desgaste profesional podría definirse también como una enfermedad producida por la escasez de sueño. Esta conduce a una sobrecarga y esta última a trastornos del sueño. La falta de equilibrio entre estrés y regeneración se convierte en un círculo vicioso.

Sueño y estrés

Dormir bien y las horas suficientes es una parte esencial del tiempo que pasamos sin trabajar. No solo dormimos para llegar en forma al trabajo. Lo que en el primer capítulo de este libro se lee sobre la creatividad sirve pues para personas que han dormido suficiente. Solo quien duerme bien trabaja bien. Y solo quien trabaja bien podrá ofrecer a la larga su máximo rendimiento.

BIBLIOGRAFÍA

NOTA DE AGRADECIMIENTOS

A

Althans, Birgit et al., "Kreativität. Eine Rückrufaktion", en *Zeitschrift für Kulturwissenschaften*, Transcript, Bielefeld, núm. 1, 2008.

Anders, Günther, *La obsolencia del hombre*, Pre-textos, Valencia, 2011.

Antoni, Conny, "Gruppenarbeit", en Schuler, Heinz y Sonntag, Karlheins (eds.), *Handbuch der Arbeits- und Organisationspsychologie*, Hogrefe, Göttingen, 2007, págs. 679-689.

Asserate, Asfa-Wossen, *Maniere*, Eichborn, Frankfurt, 2003.

Axelrod, Robert, *La evolución de la cooperación: el dilema del prisionero y la teoría de los juegos*, Alianza Editorial, Madrid, 1996.

B

Baecker, Dirk, "Stressgefahren", en B. D., *Postheroisches Management. Ein Vademecum*, Merve, Berlín, 1994, págs. 22-24.

Bamberg, Eva, "Belastung, Beanspruchung, Stress", en Schuler, Heinz y Sonntag, Karlheinz (eds.), *Handbuch der Arbeits- und Organisationspsychologie*, Hogrefe, Göttingen, 2007, págs. 140-148.

Bandelow, Borwin, *Das Angstbuch. Woher Ängste kommen und wie man sie bekämpfen kann*, Rowohlt, Reinbek, 2006.

Belting, Hans (ed.), *Bilderfragen. Die Bildwissenschaft im Aufbruch*, Fink, Múnich, 2007.

Berkel, Karl, "Konfliktlösung", en Frey, Dieter; Von Rosenstiel, Lutz y Hoyos, Carl Graf (eds.), *Wirtschaftspsychologie*, Beltz, Weinheim, Basilea, 2005, págs. 194-204.

Bossong, Clemens, *Zeitmanagement im Büro. Weniger Stress, bessere Kommunikation*, Walhalla, Berlín, 1994.

Brandstätter, Veronika, "Motivation", en Frey, Dieter; Von Rosenstiel, Lutz y Hoyos, Carl Graf (eds.), *Wirtschaftspsychologie*, Beltz, Weinheim, Basilea, 2005, págs. 273-278.

Brecht, Bertolt, *Historias del señor Keuner*, Alba Editorial, Barcelona, 2007.
Bredekamp, Horst, *Darwins Korallen: Die frühen Evolutionsdiagramme und die Tradition der Naturgeschichte*, Wagenbach, Berlín, 2005.
Büssing, A. y Aumann, S., "Telezentren - die bessere Form der Telearbeit", en *Zeitschrift für Arbeitswissenschaft* 51, 1997, págs. 240-250.

D

Dalai Lama y Ekman, Paul, *Sabiduría emocional*, Editorial Kairós, Barcelona, 2009.
Degele, Nina y Dries, Christian, *Modernisierungstheorie*, UTB, Múnich, 2005.
Dubet, François, *Ungerechtigkeiten. Zum subjektiven Ungerechtigkeitsempfinden am Arbeitsplatz*, Hamburger Edition, Hamburgo, 2008.

E

Enzler Denzler, Ruth, *Karriere statt Burnout*, Orell-Füssli, Zúrich, 2009.
Esposito, Elena, *I paradossi della moda. Originalità e transitorietà nella società moderna*, Baskerville, Bolonia, 2004.
Esselborn-Krumbiegel, Helga, *Leichter lernen. Strategien für Prüfung und Examen*, Paderborn, 2006.

F

Fengler, Jörg, *Feedback geben*. Beltz, Weinheim, Basilea, 1998 (2a. edición).
Findeisen, Jens y Hockling, Sabine, *Burnout. Wege aus der Krise*, Cornelsen, Berlín, 2008.
Forgas, Joseph P., *Interpersonal behaviour: The psychology of social interaction*, Elmsford, Pergamon Press, Nueva York, 1985.
Franck, Norbert, *Schreiben wie ein Profi*, Bund Verlag, Frankfurt, 2004.
Funke, Joachim, "Psychologie der Kreativität", en Holm-Hadulla, Rainer M. (ed.), *Kreativität*, Springer, Berlín (y otras), 2001, págs. 283-300.

G

Geiger, Annette (Ed.), *Der schöne Körper. Mode und Kosmetik in Kunst und Gesellschaft*, Böhlau, Colonia (y otras), 2008.
Geissler, Karlheinz, *Vom Tempo der Welt. Am Ende der Uhrzeit*, Herder, Freiburg, 2000.
Glaser, Jürgen; Herbig, Britta y Gunkel, Jennifer, *Kreativität und Gesundheit im Arbeitsprozess*, TU München, Múnich, 2006.

Glasl, Friedrich, "Konfliktmanagement", en Auhagen, Ann Elisabeth y Bierhoff, Hans-Werner (eds.), *Angewandte Sozialpsyhologie*, PVU, Weinheim, 2003, págs. 123-135.

Glasl, Friedrich, *Konfliktmanagement. Ein Handbuch für Führungskräfte und Berater*, Freies Geistesleben, Stuttgart, 2004 (8a. edición).

Glasl, Friedrich, *Konflikt, Krise, Katharsis: und die Verwandlung des Doppelgängers*, Freies Geistesleben, Stuttgart, 2008 (2ª. edición).

Glatzer, Wolfgang, "Lebenszufriedenheit und Lebensqualität", en Frey, Dieter; Von Rosenstiel, Lutz y Hoyos, Carl Graf (eds.), *Wirtschaftspsychologie*, Beltz, Weinheim, Basilea, 2005, págs. 230-234.

Goldsmith, Olivia y Collins, Amy Fine, *Simple Isn't Easy: How to Find Your Personal Style and Look Fantastic Every Day!*, Harper Collins, 1997.

Greitemeyer, Tobias *et al.*, "Erwartungen", en Frey, Dieter; Von Rosenstiel, Lutz y Hoyos, Carl Graf (ed.), *Wirtschaftspsychologie*, Beltz, Winheim/Basilea, 2005, págs. 78-83.

H

Hammer, Matthias, *Das innere Gleichgewicht finden. Achtsame Wege aus der Stressspirale*, Balance, Bonn, 2009.

Harlan, Volker, *Was ist Kunst? Werkstattgespräch mit Beuys*, Urachhaus, Stuttgart, 2001 (6a. edición).

Heinrich, Klaus, *Ensayo sobre la dificultad de decir no*, FEC, México, 2012.

Heister, Werner, *Studieren mit Erfolg: Effizientes Lernen und Selbstmanagement*. Stuttgart, 2007.

Hentig, Hartmut von, *Kreativität*, Weinheim, 2000.

Hillert, Andreas y Marwitz, Michael, *Die Burnout-Epidemie*, Beck, Múnich, 2006.

Hollander, Anne, *Sex and Suits: The Evolution of Modern Dress*, Diane Pub. Co., 1994.

Holm-Hadulla, Rainer, *Kreativität. Konzept und Lebensstil*, Vandenhoeck & Ruprecht, Göttingen, 2005.

Holm-Hadulla, Rainer M. (ed.), *Kreativität*, Springer, Heidelberg (y otras), 2001.

Hornberger, S. y Weisheit, J, "Telearbeit und Vereinbarkeit von Beruf und Familie", en Büssing, A. y Seifert, H. (eds.), *Die "Stechuhr" hat ausgedient*, Edition sigma, Berlín, 1999, págs. 127-145.

Hörning, K.H. *et al.*, *Zeitpioniere. Flexible Arbeitszeiten - neuer Lebensstil*, Suhrkamp, Frankfurt, 1990.

Hovestädt, Wolfgang, *Sich selbst organisieren*, Weinheim, Basilea, 1997.

Hoyos, Carl Graf (ed.), *Wirschaftspsychologie*, Beltz, Weinheim, Basilea, 2005, págs. 273-278.

J

Janis, I.L. , *Victims of groupthink. A psychological study of foreign policy decisions and fiascos,* Houghton Mifflin, Boston, Massachusetts, 1972.

K

Kabat-Zinn, Jon, *Gesund durch Meditation. Entspannung, Stressreduktion und Aktivierung des Immunsystems,* Fischer, Frankfurt, 2009 (6a. edición).
Kabat-Zinn, Jon, *La práctica de la atención plena*, Editorial Kairós, Barcelona, 2007.
Kammhuber, Stefan, "Rhetorik und Präsentation", en Auhagen, Ann Elisabeth y Bierhoff, Hans-Werner (eds.), *Angewandte Sozialpsychologie*, PVU, Winheim, 2003, págs. 43-60.
Kerstin, Jan-Michael, "Flow- und Sinnerleben in der Arbeit", en Schuler, Heinz y Sonntag, Karlheinz (eds.), *Handbuch der Arbeits- und Organisationspsychologie*, Hogrefe, Göttingen, 2007, págs. 134-140.
König, Cornelius J. y Kleinmann, Martin, "Selbst- und Zeitmanagement", en Schuler, Heinz y Sonntag, Karlheinz (eds.), *Handbuch der Arbeits- und Organisationspsychologie*, Hogrefe, Göttingen, 2007, págs. 230-236.
Knigge, Adolph Freiherr von, *Über den Umgang mit Menschen*, Insel, Frankfurt, 2008.
Knigge, Moritz Freiherr von, *Spielregeln. Wie wir miteinander umgehen sollten*, Lübbe, Bergisch Gladbach, 2006.

L

Lang-Von Wins, Thomas, "Selbständig organisierte Erwerbstätigkeit", en Schuler, Heinz y Sonntag, Karlheinz (eds.), *Handbuch der Arbeits- und Organisationspsychologie*, Hogrefe, Göttingen, 2007, págs. 781-788.
Lang-Von Wins, Thomas, *Der Unternehmer. Arbeits- und Organisationspsychologische Grundlagen*, Springer, Berlín, 2004.
Lehnert, Gertrud, *Mode. Ein Schnellkurs*, DuMont, Colonia, 2006.
Lenk, Hans, *Bewusstsein, Kreativität und Leistung. Philosophische Essays zur Psychologie*, WBG, Darmstadt, 2007.

Loos, Adolf, *Warum ein Mann gut angezogen sein soll*, Metro, Viena, 2007.
Loschek, Ingrid, *Reclams Mode- und Kostümlexikon*, Reclam, Stuttgart, 2005 (5a. edición).

M

McKay, Matthew; Davis, Martha y Fanning, Patrick, *Thoughts & Feelings: Taking Control of Your Moods & Your Life*, New Harbinger Publications, 2011.
MacKenzie, Alec, *The Time Trap*, Amacom, 2009 (4a. edición).
Mair, Judith, *Schulss mit lustig! Warum Leistung und Disziplin mehr bringen als emotionale Itelligenz, Teamgeist und Soft Skills*, Eichborn, Frankfurt, 2002.
Meyer, Anton y Kantsperger, Roland, "Kundenzufriedenheit", en Frey, Dieter; Von Rosenstiel Lutz y Hoyos, Carl Graf (eds.), *Wirschaftspsychologie*, Beltz, Weinheim, Basilea, 2005, págs. 219-229.
Muck, Peter M. y Sonntag, Karlheinz, "Zielsetzungs-, Beurteilungs- und Feedbackgespräch", en Schuler, Heinz y Sonntag, Karlheinz (eds.), *Handbuch der Arbeits- und Organisationspsychologie*, Hogrefe, Göttingen, 2007, págs. 567-573.
Muckle, Sophia, *Parcours. Existenzgründung für Designer*, Verlag Hermann Schmidt, Maguncia, 2009.
Müller, Günter F., "Berufliche Selbständigkeit", en Auhagen, Ann Elisabeth y Bierhoff, Hans-Werner (eds.), *Angewandte Sozialpsychlogie*, PVU, Weinheim, 2003, págs. 449-462.
Müller, Günter F., "Selbständig organisierte Erwerbstätigkeit", en Schuler, Heinz (ed.), *Enzyklopädie der Psychologie, D, III, Organisationspsychologie* (Vol. 3, I), Hogrefe, Göttingen, 2004.
Musil, Robert, *El hombre sin atributos*, Seix Barral, Barcelona, 2007.

N

Nachmanovitch, Stephen, *Free Play*, Tarcher, 1990.
Nadolny, Sten, *El descubrimiento de la lentitud*, Edhasa, Barcelona, 1989.
Nerdinger, Friedemann W., "Dienstleistung", en Frey, Dieter; Von Rosenstiel, Lutz y Hoyos, Carl Graf (eds.), *Wirschaftspsychologie*, Beltz, Weinheim, Basilea, 2005, págs. 41-49.
Nerdinger, Friedman W., "Produktives und kontraproduktives Verhalten", en Schuler, Heinz y Sonntag, Karlheinz (eds.), *Handbuch der Arbeits- und Organisationspsychologie*, Hogrefe, Göttingen, 2007, págs. 237-245.

P

Piontek, Rosemarie, *Mut zur Veränderung. Methoden und Möglichkeiten der Psychotherapie*, Balance, Bonn, 2009.

Piras, Claudia y Roetzel, Bernhard, *Mein wunderbarer Kleiderschrank. Styleguide für Frauen*, Wunderlich, Reinbeck, 2004.

Plattner, Ilse E., *El estrés del tiempo: un sufrimiento contemporáneo y su terapia*, Editorial Herder, Barcelona, 1995.

Plinz, Nicole, *Yoga bei Erschöpfung, Burnout und Depression*, Balance, Bonn, 2009.

Preiser, Siegrid y Buchholz, Nicola, *Kreativität*, Asanger, Heidelberg, 2004.

Pricken, Mario y Klell, Christine, *Publicidad creativa: ideas y técnicas de las mejores campañas internacionales*, Editorial Gustavo Gili, Barcelona, 2004.

R

Raeder, Sabine y Grote, Gundela, "Psychologische Verträge", en Frey, Dieter; Von Rosenstiel, Lutz y Hoyos, Carl Graf (eds.), *Wirschaftspsychologie*, Beltz, Weinheim, Basilea, 2005, págs. 304-309.

Rheinberg, Falko, *Motivation. Grundriss der Psychologie*, Kohlhammer, Stuttgart, 2008 (7a. edición).

Röggla, Kathrin, *Wir schlafen nicht*. Fischer, Frankfurt, 2006.

Rodley, Chris (ed.), *David Lynch por David Lynch*, Alba Editorial, Barcelona, 2001.

Rosa, Hartmut, *Soziale Beschleunigung*, Suhrkamp, Frankfurt, 2008.

Rosenstiel, Lutz von, "Kommunikation in Arbeitsgruppen", en Schuler Heinz (ed.), *Lehrbuch Organisationspsychologie*, Huber, Berna, 2007 (4a. edición actualizada), págs. 387-414.

Roth, Dieter, "Demoskopie und Politik. Zum Verhältnis und den Missverständnissen zwischen zwei stark kritisierten Professionen", en Kaspar, Hanna *et al.* (eds.), *Politik - Wissenschaft- Medien*, VS-Verlag, Wiesbaden, 2009.

Ruhwandl, Dagmar, *Top im Job - ohne Burnout durchs Arbeitsleben*, Klett-Cotta, Stuttgart, 2009.

Ruhwandl, Dagmar, *Erfolgreich ohne auszubrennen. Das Burnoutbuch für Frauen*, Klett-Cotta, Stuttgart, 2007.

Ruhwandl, Dagmar, "Burnout: Am Rande des Nervenzusammenbruchs", en *Psychologie Heute*, núm. 5, 2009, págs. 20-24.

S

Schäfer, Annette, "Energiemanagement. So bleiben Sie bei Kräften", en *Psychologie Heute*, núm. 2, 2009, págs. 21-27. (Con otras referencias bibliográficas.)

Schlaffer, Hannelore, *Mode. Schule der Frauen*, Suhrkamp, Frankfurt, 2007.

Scholz & Friends, *Über den Umgang mit E-Mails. E-Mail Knigge*, Verlag Hermann Schmidt, Maguncia, 2009.

Schräder-Naef, Regula, *Rationeller Lernen lernen. Ratschläge und Übungen für Wissbegierige*, Weinbehi, Basilea, 2000 (19a. edición).

Schrenk, Jakob, *Die Kunst der Selbstausbeutung. Wie wir vor lauter Arbeit unser Leben verpassen*, DuMont, Colonia, 2007.

Schröder, Jörg-Peter y Blank, Reiner, *Stressmanagement. Stresssituationen erkennen - erfolgreiche Massnahmen einleiten*, Cornelsen, Berlín, 2006 (2a. edición).

Schulz von Thun, Friedemann, *Miteinander reden*, Vol. I, "Störungen und Klärungen. Allgemeine Psychologie der Kommunikation", Rowohlt, Reibek, 1981 (1a.) (46a. edición).

Schulz von Thun, Friedemann, *Miteinander reden*, Vol. 2, "Stile, Werte und Persönlichkeitsentwicklung. Differentielle Psychologie der Kommunikation", Rowohlt, Reinbek, 2005 (25a. edición).

Schulz von Thun, Friedemann, *Miteinander reden*, Vol. 3, "Das innere Team und Situationsgerechte Kommunikation", Rowohlt, Reinbek, 2004 (14a. edición).

Schulz von Thun, Friedemann, *Miteinander reden. Kommunikationspsychologie für Führungskräfte*, Rowohlt, Reinbek, 2003 (10a. edición).

Schulz von Thun, Friedemann, *El arte de conversar. Psicología de la comunicación verbal*, Herder Editorial, Barcelona, 2012.

Seiwert, Lothar J., *Wenn du es eilig hast, gehe langsam. Das neue Zeitmanagement in einer beschleunigten Welt*, Campus, Frankfurt, 2003 (8a. edición).

Semmer, Norbert K. y Udris, Ivars, "Bedeutung und Wirkung von Arbeit", en Schuler, Heinz (ed.), *Lehrbuch Organisationspsychologie*, Huber, Berna, 2007 (4a. edición), págs. 157-195.

Sennet, Richard, *El declive del hombre público*, Península, Barcelona, 1978 y Editorial Anagrama, Barcelona, 2011.

Sennet, Richard, *La corrosión del carácter: las consecuencias personales del trabajo en el nuevo capitalismo*, Editorial Anagrama, Barcelona, 1999.

Singer, Wolf y Ricard, Matthieu, *Gehirnforschung und Meditation*, Suhrkamp, Frankfurt, 2008.

Spiess, Erika, "Kooperation und Konflikt", en Schuler, Heinz y Sonntag, Karlheinz (eds.), *Handbuch der Arbeits- und Oragnisationspsychologie*, Hogrefe, Göttingen, 2007, págs. 339-347.

Spiess, Erika, "Kooperation und Konkurrenz", en Frey, Dieter; Von Rosenstiel, Lutz y Hoyos, Carl Graf (eds.), *Wirtschaftspsychologie*, Belz, Weinheim, Basilea, 2005, págs. 209-214.

Spork, Peter, *Das Schlafbuch. Warum wir schlafen und wie es am besten gelingt*. Rowohlt, Reinbek, 2007.

Stengel, Martin, *Psychologie der Arbeit*, PVU, Weinheim, 1997.

Stern, Elisabeth *et. al.*, *Lehr-Lern-Forschung und Neurowissenschaften: Erwartungen, Befunde und Forschungsperspektiven*, BMBF, Bonn, Berlín, 2005.

T

Treier, M., *Zu Belastungs- und Beanspruchungsmomenten der Teleheimarbeit unter besonderer Berücksichtigung der Selbst- und Familienregulation*, Kovac, Hamburgo, 2001.

Truckenbrodt, Nicole, *Kein Stress! Wie Sie Ihre Arbeit effektiv organisieren und Stress vermeiden*, Eichborn, Frankfurt, 2002.

U

Ulich, Eberhard, *Arbeitspsychologie*, Schäffer-Poeschel, Zúrich, Stuttgart, 2005 (6a. edición).

Ulich, Eberhard, "Gestaltung von Arbeitstätigkeiten", en Schuler, Heinz (ed.): *Lehrbuch Organisationspsychologie*, Huber, Berna, 2007 (4a. edición), págs. 221-252.

Ullrich, Günther, "Kommunication", en Auhagen, Ann Elisabeth y Bierhoff, Hans-Werner (eds.), *Angewandte Sozialpsychologie*, PVU, Weinheim, 2003, págs. 17-42.

V

Veblen, Thorstein, *Teoría de la clase ociosa*, Alianza Editorial, Madrid, 2011.

Van Avermaet, Eddy, "Soziale Gruppen", en Stroebe, W.; Jonas, K. y Hewstone, M. (eds.), *Sozialpsychologie*, Springer, Berlín, 2003, págs. 451-578.

W

Watzlawick, Paul, *El arte de amargarse la vida*, Herder Editorial, Barcelona, 2009.

Z

Zschirnt, Christiane, *Wir Schönheits-Junkies: Plädoyer für eine gelassene Weiblichkeit*, Goldmann, Múnich, 2008.

NOTA DE AGRADECIMIENTOS

Mi más profundo agradecimiento a:

Inga Krüger, Robert Brenner, Stefan Pott & Sabine, Mario Jahns, Bettina y Uwe Boden: los realizadores y creativos de mi grupo de trabajo.

Nola Bunke, Rike Baumbach, Eva Sevgi Balci, Sandra Burkert, Oliver Eickholt, Jenny Fritsch, Jana Giersberg, Kerstin Gerhards, Petra Hässler, Mme Debby Keser, Kathrin Kopietz, Hanna Milda, Laura Neugebauer, Daniela Neuhäuser, Kerstin Lehrke, Karsten Rohrbeck, Ina Schneider, Dorothee Weber, Christian Götz, Diego Menten, Christiane Kanthak, Thomas Epping, Clara Wicher y Markus Wucherer: estudiantes y exalumnos de la Academia Ecosign.

Uwe Britten, ChristianDries, Bernd Draser, Simone Fuhs, Antje Höh, Karin Koch, Petra Nowack (y su "principio Nowack"), Ivo Ringe, Heather Sheehan, Holger Spieckermann, Stefanie Uzler y Stefanie Vogt: compañeros y amigos que espero que apenas hayan notado lo mucho que me han ayudado.

Katrin Schacke: la creadora de esta lograda realización del contenido.

Karin y Bertram Schmidt-Friderichs y su equipo: los editores.

¡Este libro está dedicado a Petra Nyenhuis!